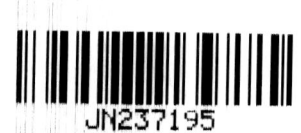

山スタイル手帖
KIKI
講談社

はじめに

山で時間を過ごしていると、ふと、どこかやわらかになった自分がいることに気づきます。その道のりは平坦ではないし、いつでも晴れているとは限りません。でも、木漏れ日の道、山小屋で交わす言葉、見上げる星空、キャンプでのごはん、足元の儚げな花、雨香る森。さまざまなものに出会うたびに、心の底からよろこびを感じます。

山はいつでもおなじ場所にあるのに、見せる表情はひとつきりではなく、それはけっして尽きるものではありません。そうして、また何度でも、足を運びたくなってしまうのです。

感動は心を素直に。感受性をより高く。やわらかになったわたしたちに、山での時間は、さらなる魅力に触れさせてくれることでしょう。

Contents

※各アイテムの説明は個人の感想によるもので、メーカーによる商品説明ではありません。

山へ行こう

「山へ行こう！」と決めたなら……

何を持っていく？　何を着ていく？

わたしのいつものスタイルあれこれ。

Backpacking／バックパッキング

バックパック

ヘッドランプ／熊避けホーン／レコーダー／

リストウォッチ

財布／便利グッズ／カラビナ／

サバイバルシート／虫除けスプレー／リボン

ポット＆水筒

カメラ／カメラストラップ／カメラカバー

コンパス／地図

ウッドカップ

スタッフバッグ／サインタブ

Mountain Style／山スタイル

ジャケット／ダウンベスト／シャツ／

インナー／パンツ／グローブ

ソックス／登山靴

フリースパーカ

ダウンベスト／ワンピース／タイツ

ブラ＆ショーツ

ハット／サングラス／グローブ

ドライビングキャップ／シャツ

レインウエア

レインハット／ゲーター／カメラレインカバー／

防水ノート／折りたたみ傘／タオル

ニット帽／プルオーバー／コーデュロイパンツ

冬用登山靴／スノー手袋／スノーシュー／

ストック／ゴーグル／サングラス／アイゼン

フリース／パンツ／スキーセーター

ウインターブーツ／スノーハット＆ミトン

イヤーウォーマー／ウールセーター／

スノーパンツ＆タイツ

ニットキャップ／スノーキャップ

Backpacking

山に行くときに何を持っていこうか……。
コンパス、地図、水筒etc.。必ず持っていくもの、
あると便利なもの、お気に入りの小物、バックパック
の中にいつも詰めていくものをお見せします。

終わることのない楽しみ
はじまりは頂上から

目の前につづく道。つづら折りの登山道は、まるで空に向かって延びている梯子《はしご》のようだった。友人はもうずっと先を登っている。わたしは息が切れて、立ち止まっては宙を仰いでいた。もう格好も気にならない、首から下げているてぬぐいで汗を拭った。森林限界を越えて、まわりに背の高い樹木はない。赤い大地のところどころに茂るハイマツの影だけが色濃く、唯一あたりで涼しそうだ。むろんそんなところで休めるはずもない。もうあとすこしで頂上だ。はやく清々しい風を味わおう。

初めての山は、八ヶ岳だった。ある夏の終わりに余暇を持て余していたら、友人が誘ってくれたのだ。体力に自信はあった。冬にスキーで山に入ることも以前からあった。だから夏山登山と聞いても、まあだいじょうぶだろうとたいした心配もしていなかった。１泊２日の日程で、泊まった山小屋は快適。小さいながらに鉱泉のお風呂まであり、晩ごはんは牛肉の陶板焼きというご馳走だった。

遠足みたいだった。ふだんよりずっとはやくに床に就いたけれど、なかなか寝つけない。明日は暗いうちに起きて行動するというのに。でも、浮かれた気分は翌朝すぐに吹っ飛んだ。本格的に始まった行程は、急な登り道がつづき、尾根に出たと思ったら鎖場やら梯子やら。あいにくのお天気で霧で覆われていたのが、よかったかもしれない。足元が見えないおかげで、怖くはなかったのだから。景色が見えないから、どのくらいでゴールにつくのかもわからなかった。いったいいつまで歩きつづけるのだろうと、疲れにほとほと嫌気が差してきたころ、雲間が現れ見えた行く先は、永遠につづきそうなつづら折りの道だったのだ。

ゆっくり、一歩一歩登っていく。いろいろなことを考えながら。そうして頭の中が真っ白になるころに、ようやくみんなの待つ頂上に辿り着いた。うれしかった。と同時にとてもおどろいた。その頂上は終わりではなかった。向こう側に山はまだずっとつづいていたのだ。里を越えたずっと向こうにも山は連なっている。けっしてゴールなんていうものはなく、むしろここがスタートのような気さえした。こんなに大変な思いをしたのに、先につづく道、向こうに見えた山を歩きたいと思った。

そうして国内外の山を目指して旅するようになった。海外にはおどろくような特徴を持つところもあれば、日本を懐かしむような風景と出会うこともある。国内においてもさまざまだ。湿潤な森もあれば、乾いた風の大地、真夏の氷河を歩くこともあった。同じ山に季節を変えて行くこともある。しかし登れば登るほど、先につづく大地を見て、行くべき場所の果てはけっしてない気がするのだった。

先日、５年ぶりに赤岳に登った。街はとうに春を迎えたころ、山は残雪期と呼ばれ、まだ雪が多く残っている。夏とくらべると、より専門的な知識と装備が必要とされることもあり、憧れの登山だった。ガイドはじめ頼もしい仲間と登ったわけであるが、ひさしぶりに辿る道は一歩ごとに、この間の時間をじっくりと思い出すものだった。頂上について見渡した景色は、以前と変わっていないはず。でも、感動は一入《ひとしお》に。わたしのなかでの登山のスタート地点に戻ったのだ。振り出しでもないし再スタートでもない。ここから踏み出す一歩は、大きな一歩になるような気がした。ゆっくりと時間を掛けて一巡した山の旅が、また新たに始まるのだと気づいたのだった。

山行のお供、バックパック
最初のひとつは体に合うものを

バックパック選びで一番大切なのは、自分の体に合っているかどうか。体に合っていないと肩に負担がかかったり、重く感じたりしてつらい思いをするので、お店の人のアドバイスを受けることをおすすめします。

バックパック
[グラナイトギア]

生地が薄くて軽いグラナイトギアのバックパック「ヴェイパートレイル」。最大容量は約60ℓ。わたしの場合、肩に負担がかかるので、たくさん詰め込まないようにします。

パッカブルデイパック
[マックパック]

テントや山小屋に荷物を置いて短時間の山行のときに使うサブバッグ。生地が薄くてコンパクトになるのに、クッション入りの肩紐など工夫されているので背負うのも楽です。

マトリックス 60
［ホグロフス］

一番使う頻度が高いホグロフスのトレッキング・バックパック。すごく体に合っていて、テント泊にも対応する容量があります。最大容量は60ℓ、わたしが持てるギリギリの重さです。

ヘッドランプやレコーダー……
山で過ごすために必要なもの

ヘッドランプと高度計や気圧計機能のついた腕時計は山行のマストアイテム。ヘッドランプは常に2つ持っていきます。レコーダーはカメラと同じ感覚で、鳥の声などを録音しています。山の音っておもしろい。

01　LEDヘッドランプ
［ブラックダイヤモンド］

どちらもブラックダイヤモンドのもので、写真左が「ギズモ」、右は小型の「イオン」。山の夜は真っ暗なので、小型のものを首から下げて寝ると、時計を見たりするのに便利です。

02　熊避けホーン

熊に遭遇したことはまだないけれど、熊がいそうな場所に行くときには持っていきます。これは海外のものですが、日本でもエアホーン（ミニジェットホーン）という商品があるそうです。

03　レコーダー
［ローランド］

ローランドの「R-09HR（写真はエディロールブランドとして発売されたもの）」。軽くてコンパクトなのに、録音した音をそのままラジオで放送できるほどの高音質なスグレもの。

04　リストウォッチ
［スント］

高度9000mまで計測可能な高度計、気圧計、コンパスを搭載したスントの「ヴェクター」。標高を合わせるなどの設定が簡単なうえ、電池交換が自分でできます。

おもちゃだけれど明るいレゴのヘッドランプ。暗闇は無理だけどサブで使うことも。

01
Black Diamond
03
EDIROL
R-09HR
FINDER
MENU
PEAK
SPEED
REVERB
SPLIT
02
HORN
KLAXON
04

あるといいもの、重宝するもの
便利グッズあれこれ

山に行くときの必須アイテム。お財布や、もしものときのためのものまで、ポケットに入れたり、バックパックにつけたり。ただし、身の回りに装飾品を過剰につけるとひっかけたりして危ないのでご注意を。

01 山用のお財布

フェアトレードのお店で買ったもの。わたしがいつも使っているお財布は大きいので、山には最低限必要なものだけを入れて持っていきます。少しでも荷物を軽くして、楽な山歩きを。

02 便利グッズあれこれ

［スント］の温度計つきコンパス、リップクリーム、熊の形の栓抜き、アーミーナイフ。帰りに地元のビールを買って栓を抜いて電車で飲んだり、使う頻度の高いものを集めてみました。

03 カラビナ

フリークライミングで使うカラビナ。さまざまな用途があります。これは［ペツル］のスピリット ベントという商品。カラビナは耐久重量や使用目的によって選びます。

04 サバイバルシート

寒さから身を守るためのシート。もしものときのためにいつも持っていきます。これが必要なほどの窮地にはまだ陥っていませんが、もしものときのことを想定しておくことが大切。

05 虫除けスプレー

夏場や水辺に行くときには虫除けを持っていくようにしています。これは香りがよくてオーガニックのもの。このほかに常備薬を入れたお薬セットをいつも持ち歩いています。

06 母からもらったリボン

母がベルトにしたり、鞄に結んだりしていたものを譲ってもらって、山用のリュックにつけています。目印にもなるし、かわいいかなぁ、と思って。紐だと何かあったときにも使えそう。

01

02

03

04

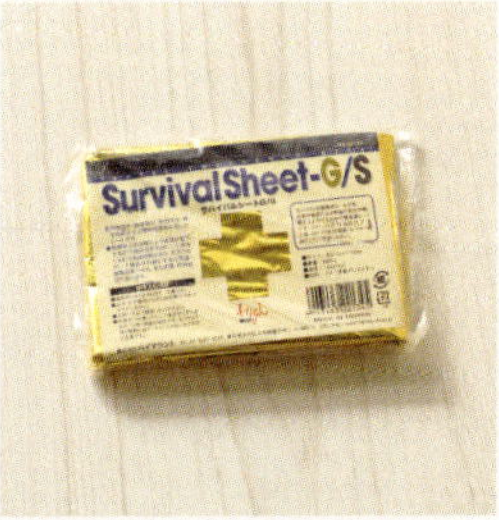

05

06

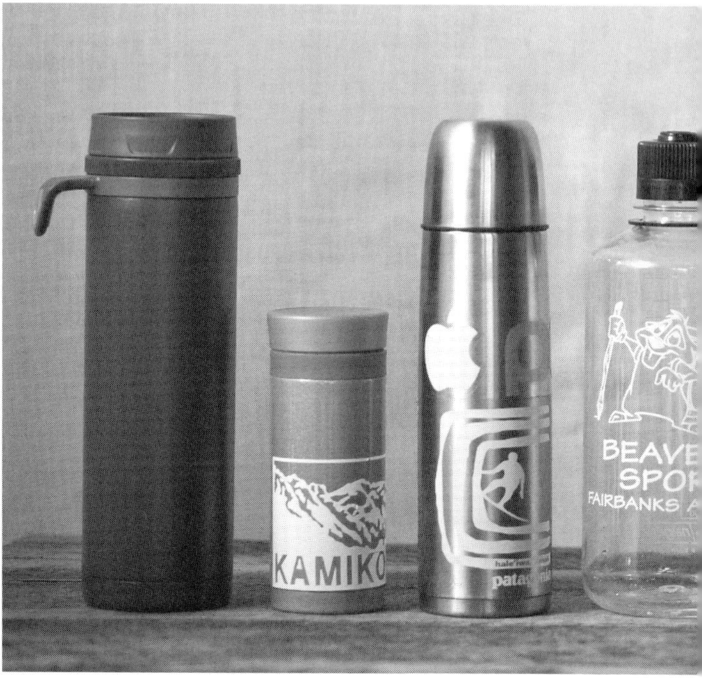

山行の必須アイテム、ポットや水筒は用途に合わせて使い分ける

ポットや水筒はいくつか持っていて、行き先や気候に合わせて使い分けています。持ち歩くのは基本的に水か白湯。小さいポットは、キャンプや山小屋でカップ代わりに使うと温かい飲み物が冷めにくくていいです。

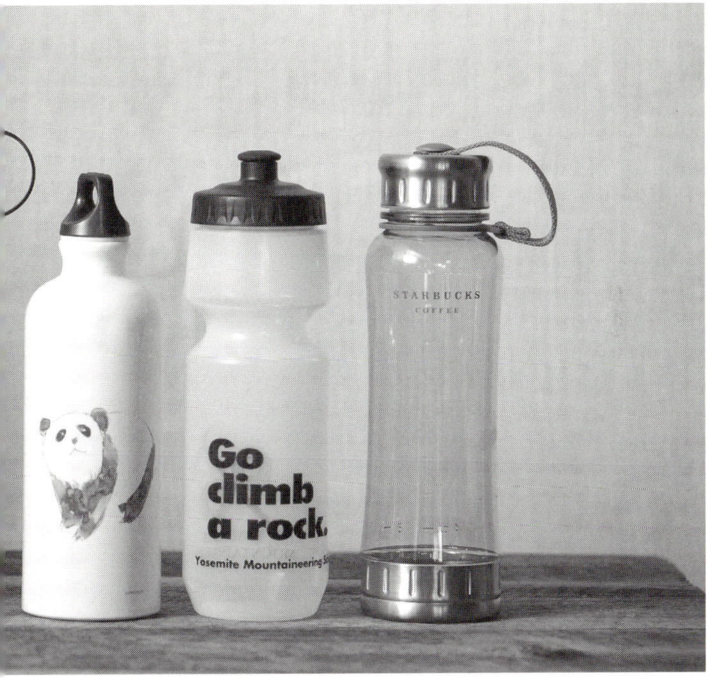

ポット＆水筒

左の３つは保温性のあるポットタイプ。一番左は［スタンレー］、［サーモス］と［タイガー］のポットには自分でシールを貼りました。大きめサイズの［ナルゲン］は真夏に喉が渇きそうなときに使っています。パンダの絵のものは［シグ］のWWFモデル。その右はアメリカのヨセミテ国立公園内のお店で買ったもの。「スターバックス］のはデザインが気に入って買いました。

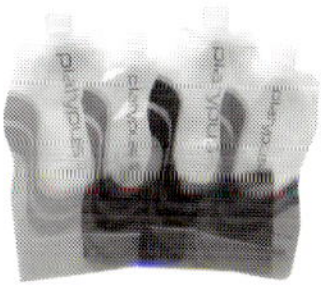

折りたためる水筒、［プラティパス］のプラティ・ソフトボトル。容量は0.5ℓ〜。

「あっ」と思ったらカシャッ
山のすてきな風景を切り取る

わたしはいつもフィルムカメラ。この2つは、山で受けた印象のままの写真になるという理由で愛用しています。ストラップはスタイリストの石川顕さんにディレクションしていただいたKIKIオリジナルモデルです。

PEN《ペン》 F T《エフティー》
［オリンパス］

PEN　FTは1966年に発売されたモデル。一眼レフなのにコンパクトで、ハーフサイズ（36枚撮りフィルムで72枚分）で撮影できるので、山に行くときにはいつもこれを持っていきます。

NATURA《ナチュラ》 N S《エヌエス》
［富士フイルム］

ナチュラは高感度カメラで暗いところでもきれいに撮れるというコンセプトのカメラ。天気が悪いときや室内で撮りたいときに持っていきます。予備のカメラとしても使っています。

ニンジャ　カメラストラップ
［ダイアグナル］

サイクルメッセンジャーバッグに使用されているバックルを使ったダイアグナルのカメラ用ストラップ。KIKIオリジナルモデルです。片手で簡単に長さを調節できるスグレものです。

メッセンジャーラップ
［ドンケ］

カメラカバーはクッション性のあるラッピングタイプ。カメラの大きさが変わっても使えるので重宝しています。そのままだと味気ないので、自分でワッペンを縫いつけました。

地図とコンパスは山の必需品
地図の上でも旅をする

地図を見ながら行程を考えたり、誰かが提案してくれた登山の場合には事前にルートを確認したり、地図は旅に欠かせない。旅のあとは歩いたルートをなぞり、自分なりのマークを入れて旅の記録にします。

コンパス

コンパスは地図を見るうえでも必要な山行のマストアイテム。まだ、本格的に山岳地図を読むことはむずかしいけれど、冬山では等高線や沢筋を見ながら、コンパスを使って歩くことも。

山と高原地図
［昭文社］

いつも愛用しているのが、『山と高原地図』。登山コースの所要時間や危険箇所、目印など、登山時に便利な情報が載っていて、山行のスケジュールを立てるのに役立ちます。

硫黄岳
2760
硫黄岳山荘
赤岩の頭
台座の頭
2795
横岳
杣添尾根
三叉峰
2825
百名山
八ヶ岳
地蔵尾根
行者小屋
地蔵仏
赤岳天望荘
赤嶽神社
赤岳頂上小屋
中岳
赤岳
阿弥陀岳
真教寺尾根
2316
キレット小屋
天狗尾根
出合小屋
三ツ頭
2580
前三ツ頭
2282
ヘリポート

いつもバックパックにつけている
愛すべきウッドカップ

鹿児島の木工作家、アキヒロジンさんが、地元産の楠を削り出して作るウッドカップ。北欧の伝統的な木のカップ「ククサ」をもじって「キキサ」という名前です。人に贈ると幸せになるといわれています。

ウッドカップ
[キキサ]

内側に塗りが施されていて、熱いものを入れてもひび割れないようになっています。袋は江藤公昭さん（パピエラボ）のデザイン。初回に製作された50個についていました。

バックパックの中を整理整頓
あると便利なスタッフバッグ

あれこれ道具を持っていくなかで、あると便利なのがスタッフバッグ。仕分けをするための小袋です。薄くて軽く、開け閉めも簡単なので、どんどん買い足していきました。色や形で使い分けています。

スタッフバッグ
［グラナイトギア］

グラナイトギアのスタッフバッグは色、形ともにバリエーションが豊富なので活用しています。上はファスナー付の「エアジップサック」、下は巾着型の「エアバッグ」。用途に合わせて使い分けています。

サインタブ
［マウンテンリサーチ］

山好きのファッションデザイナーが自分用に作ったところからスタートしたブランド、マウンテンリサーチ。上のスタッフバッグにつけているアイテム名入りのものは限定販売品です。

スタッフバッグ［アウトドアリサーチ］

デザインが気に入って買いました。口を巻いてカチッと閉めるので、防水性が高く、カメラなどを入れています。OR（アウトドアリサーチ）からはかわいいのがいろいろ出ています。

Mountain Style

夏でも雪が残り、晴れていても突然
雨が降りだす、ときには雹《ひょう》が降ってきて……。
日常とは違う山の気候。だからこそどこに行くのか？
状況は？　天候は？　など考えながら
ウエアを選ぶようにしています。

母から娘へ受け継がれ
山のおしゃれは時を越える

　渋い格好で、いいねぇ。両親よりひとまわりくらい上だろうか、夫婦で登ってきたお父さんのほうが、岩に腰掛けて水筒のお湯を飲んでいたわたしに声を掛けた。すこし遅れて登ってきたお母さんも、わたしを見て、息をすこし切らせながら、そうねぇ、なんだか懐かしいわ。照れくさかったけれど、悪い気分はしなかった。

　その日訪れていたのは津軽富士と呼ばれている、青森県の岩木山。深田久弥の『日本百名山』のひとつであるが、書かれた当時とは異なり頂上までの道のりは今ではわりと簡単なものとなっている。途中までリフトを使うなら１時間の道のりとあって、気軽な格好の登山者が多い。そのなかで、わたしはといえば茶色のドライビングキャップにチェックのネルシャツ。ザックは昔のデザインの復刻版、登山靴は愛用のゴロー。たしかに渋い格好をしていた。近ごろもてはやされる服装とくらべると、流行は追わずむしろさかのぼっている。弁解するわけではないけれど、このとき、じつは雑誌の撮影で用意してもらったものを着用していた。とはいえ違和感があったわけではない。妙にしっくりきていたので、あとで同じものを揃えたくらいだった。

　冬に向けてちょっとしたひらめきがあって、実家に仕舞い込まれている洋服たちを掘り起こしてみた。あのシャツとセーター、たしか手放さずに持っていたはず……。かび臭さをすこし感じながらもようやく見つけ出したものは、母からお下がりのスキーセーター。若かりしころの母がヨーロッパアルプスを旅したときに、ツェルマットだろうかどこかのスキーリゾートで手に入れたものだという。メイドインイタリーのそのブランドは、当時のウインタースポーツで人気を博していた選手が着用して有名になったのだ。想像していたより生地はしっかりとした分厚いもので、首のあきは小さく身ごろは細身、好みのデザインだった。

思っていたシャツは見つからなかったけれど、そんなわたしの様子を見ていた母が帽子を持ち出してきた。祖母がやはりスキーのときに使っていたものだ。つばの小さい紺色の帽子は、フェルトのようなウール素材。シンプルだけれど気の利いたデザインだったし、なにより祖母から母へと伝わってきた時間の流れが貴重だった。帽子を試そうと鏡に映った自分を見て、どちらにより似ているのだろうかとふと思った。あまり顔は似ていない、けれどふたりともスキーが好きだったという点は同じだ。その気質はしっかりと受け継がれていることを再確認して、うれしくなった。

一緒に山へ行くことが多い友人のひとりに、あまり服装にこだわらない人がいる。裏革の登山靴は磨き込まれ、コーデュロイのズボンにチェックのシャツ、ときにアーガイルのセーター。帽子はイタリアのボルサリーノがお気に入りのようだ。ここでのこだわりというのは流行のデザインや素材のことで、友人にとってはいつも通りのおしゃれなのだ。そういったものは素材が重く、いざというときに快適でないことも知っていてのこと。もちろん風雨のときに対処すべくなにかしらの装備は持っている。

自分らしいスタイルを山でも保っているそんな友人を見ると、それでいいのだといつも頷くことになる。新しいものにどうしても目が行きがちだけれど、ハイテクノロジーな道具を取り揃えていないといけないわけではない。あのとき、山で渋くていいと言われたスタイルは、年月が経っても親しみを持って見られるものだ。地味であったとしても流行廃《すた》りなく、それこそ自然に馴染む格好なのではないかと確信している。いつでも変わらず使えるものは、山だけでなく街でも、そしてずっと年月が経っても使うことができる。そうして愛着が湧く大切な山の道具たちを、いずれわたしも自分の子どもに受け継がせることができたらうれしい。

天候の変化を考えて
山では調節しやすい重ね着が基本

雨風をよけるものと、暖をとるためのものを必ず持っていきます。暖をとるのにはフリースやダウン、雨風には薄手の上着やレインウエアで対応します。季節を問わず、重ね着をするのが山スタイルの基本です。

セレリスジャケット
［アークテリクス］

すごく薄くてコンパクトになる上着は一枚持っていると便利。肌寒いときに着たり、中にフリースを着たりと、いろいろな着方ができるので、とりあえず持っていくようにしています。

ライトヒートベスト
［ザ・ノース・フェイス］

山に行くときは小さくなるダウンを持っていくことが多いです。夏でも山の上は寒いので、テント泊のときなどは必ず持っていきます。ちょっと薄手なのでコンパクトになります。

ロングスリーブ
ベーシックシャツ
［ザ・ノース・フェイス］

大きめサイズが多い登山用シャツのなかで、女の子にはうれしい細身のデザイン。速乾性の素材と色目がきれいなのも魅力。クラシカルなイメージのコーディネイトにも（P34参照）。

ベース・レイヤー
［アイスブレーカー］

一番下に着るものは基本ウールと決めています。暖かいし、肌触りもいいから。それに化学繊維よりもウールのほうがにおいが気にならない。毎日着替えられない山では重要なこと。

バーブパンツ
［ザ・ノース・フェイス］

春の遅いシーズンから秋のはじまりまで使える薄手のパンツ。丈夫で、ストレッチがとてもきいていて、なによりラインがきれいです。速乾性もあり着心地抜群です（P34参照）。

グローブ
［ヘストラ］

外側はウインドストッパー®という生地で、内側は革だから風を通さないのがこの手袋の特徴。コットンでは濡れると冷たくなるので、山では撥水性、防水性のあるものを使います。

山歩きの強い味方
お気に入りのgoroの靴

登山でとても重要なのが靴選び。靴に足を合わせるのではなく、足に靴を合わせる、これが基本です。お店の方に相談しながら、自分にぴったり合う靴を選ぶことをおすすめします。

アウトドアソックス
［ハリソン］

分厚めの靴下をはくのが好き。そして、夏でもわたしはウールの靴下。アーガイルなど、見えないところにもかわいいデザインのものを身につけるようにしています。

登山靴
［ゴロー］

お気に入りのgoro（ゴロー）の登山靴。その人の足にぴったりの靴を職人さんが手作りしてくれます。これは「ブーティエル」というモデル。履き込むことで味わいが出てきます。

夏といえども、山頂は肌寒い
そんなときには薄手のパーカを

街中とは違う山の気温。夏でもひんやりとしているため、長袖を着ていることが多いのですが、そんななかで特に愛用しているのが薄手のフリースパーカ。速乾性素材の長袖アイテムは、夏山でも必要なのです。

ベストジップパーカ
［セイルレーシング］

セイルレーシングはヨットウエアのブランドですが、機能性に優れているので山にもよく着ていきます。薄いフリースなので、着るのは主に夏。デザインが気に入って買いました。

わたしが買ったときにはワッペンつきのタイプがありました。

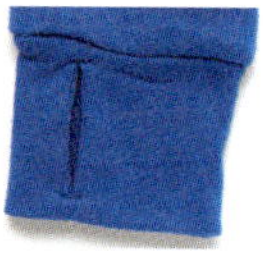

寒いときには、袖先に親指を通せるようになっています。

日差しは遥か頭上から
昼間のほてりを沢で流す

森の中で仰向けに寝転がる。本当はマットなんて敷かなくてもいいのかもしれない。あたりは一面の苔に覆われていて、よく聞くたとえだけれどやはりそうとしか表現できない、緑の絨毯《じゅうたん》のようである。あるいは、樹木の葉が落ち重なり、スポンジのように水を蓄えるやわらかな腐葉土。夏の午後、日差しは遥か頭上から差し込む木漏れ日だけで、まぶしさに目をつむると心地よい眠りに落ちていきそうだった。

ふと横を見やると、友人たちも思い思いの場所で同じように寝転んでいた。この日はもうここから動かない、この場所で夕ごはんを食べて一晩を過ごす。だからみんなのんびりとした気分なのだ。こんなに豊かな森の中でテントを張るのは初めてのことだったかもしれない。寝てしまうのはもったいない、水を汲みがてら近くの沢まで散歩に行くことにした。

たおやかな流れのその沢は深いところでも膝が覗く程度。サンダルを履いたまま、水の中へ入る。冷たさは昼間の日照りを思うとちょうどいい、ほてった体が落ち着いていくのがわかった。あたりの森は深く、朽ちた木が途中流れを遮るように倒れていた。すでに何十年か経つのだろう、水から出ているところには苔がむし、10センチほどの若木が育っている。新しい生命を踏まないように、そっと跨《また》ぎ向こう側へ下りた。さらに下ると行く手には小さな滝。そこで引き返すことにした。

そのころには日がだいぶ傾き、樹々の間から斜めに差し込む光が水面を黄金色に輝かせていた。夕闇が一気に迫ってくるようで、急に不安な気持ちでいっぱいになった。早足で上流へ。日陰に入ると倒木が不気味に感じられた。みんなのところに戻ると、彼らは相変わらず気持ちよさそうに寝転んでいた。焦った自分の心とくらべると、そこは落ち着き払いまるで時間が止まっているようだった。

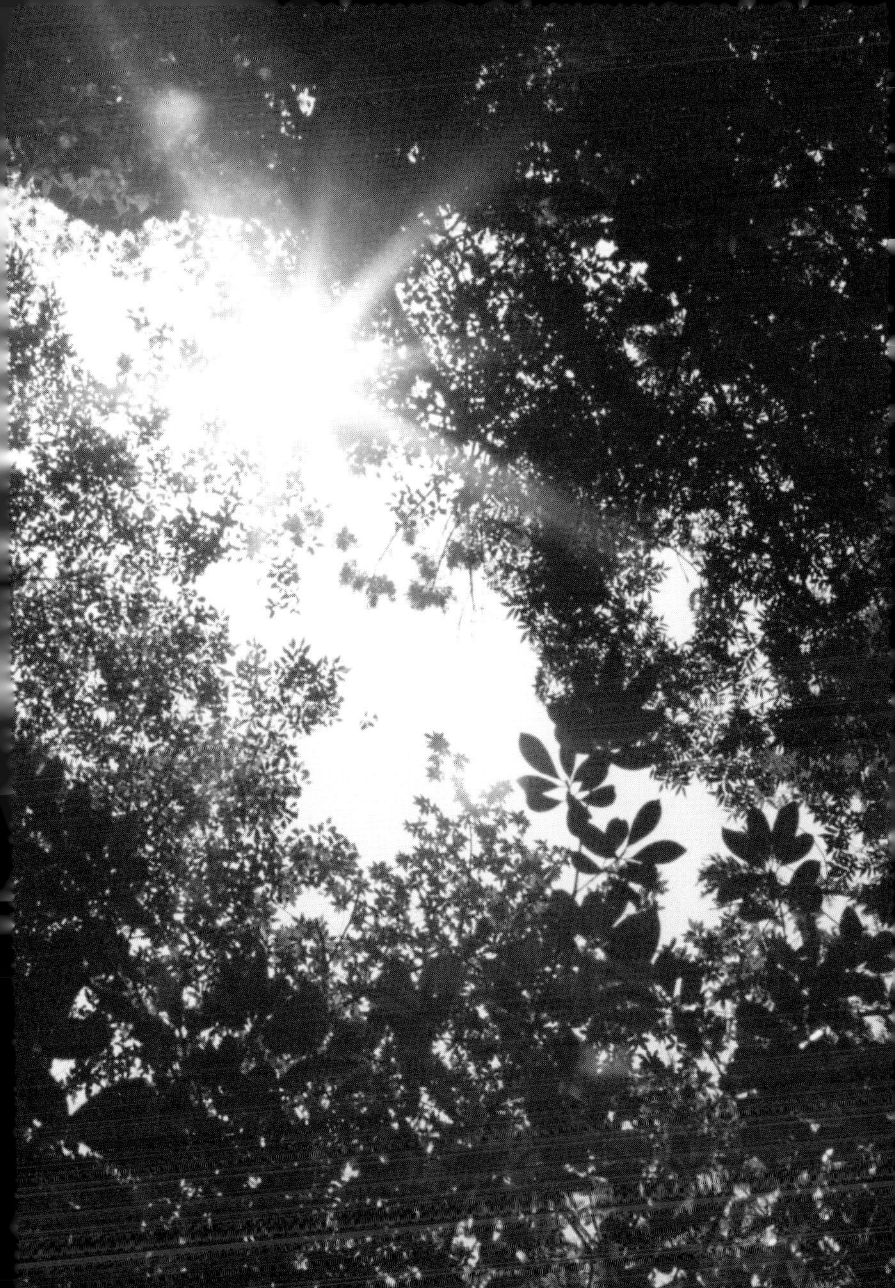

夏山に雪？　登山の合間の
おしゃれコーディネイト

夏でも山に雪が残っていることはしばしば。登山でなく、山を散策するときには、ワンピースにタイツを合わせておしゃれを楽しみます。ワンピースはあると便利なアイテムのひとつ。

マーゴ・ドレス
［パタゴニア］

伸縮性があって着心地のよい素材のワンピース。テントや山小屋泊のオフタイムに着たり、下山して温泉に入ったあとに着替えたり、あると便利。とても楽なので気に入っています。

ダウンベスト
［セイルレーシング］

きれいなグレーが気に入って買ったフードつきのダウンベスト。フードがあると首元が暖かいです。軽量なので、小さく折りたためるし、ファスナーが上まであるデザインもかわいい。

ウーリーズボトム
［アイベックス］

ワンピースと組み合わせる少し薄手のウールタイツ。肌触りがよくて、普段でもはいています。主に春の終わりから秋にかけて。気候に合わせて厚さを選ぶようにしています。

いつものアイテムだけど
いつもとは違う意識で選ぶ

ウエアだけでなく、下着やちょっとした小物などは、山行に備えることをついつい忘れてしまいがちなアイテム。山に行くには欠かすことのできないものを紹介しましょう。

アクティブ・メッシュ・ブラ
アクティブ・ヒップスター
[パタゴニア]

下着は速乾性素材のものをつけるようにしています。普通の下着は絶対にだめ。汗をかいて湿ると冷たくなってしまうから。パタゴニアにはカラフルでかわいい下着がいろいろあります。

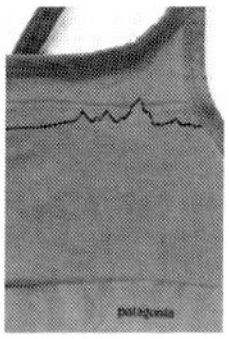

胸元に山をモチーフにしたプリントがされています。

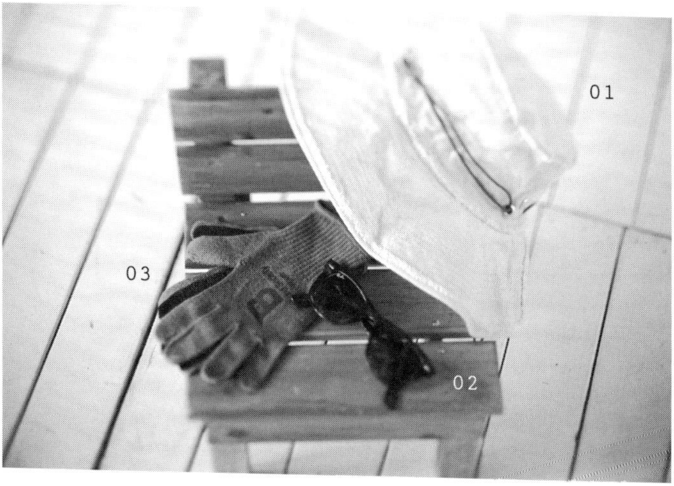

01　バケットハット［ヘレンカミンスキー］

帽子は絶対に持っていきます。日除けのためと防寒のために。日差しの強いときにはつばの広いものを選びます。これは山用ではありませんが、かわいいし、革紐で固定できるのが便利。

02　サングラス［レイバン］

普通のサングラスですが、レトロなデザインが気に入って愛用しています。夏も冬も山ではまぶしい思いをすることが多いのでサングラスは必需品。濃いレンズは見づらいので注意を。

03　アウトドアグローブ［日本野鳥の会］

日本野鳥の会のグローブで、双眼鏡を持つために手のひら側にストッパーがついています。コットンなので本来、山には適しませんが、わたしは晴れたときに日焼け防止に使っています。

ストッパーがあるので写真を撮るときに操作性がよくて便利。

山の自然に馴染む
クラシカルなコーディネイト

クラシカルな登山スタイルを意識したコーディネイトを楽しんでいます。軽い山歩きのときなら、ドライビングキャップをかぶってみたり。山の自然に馴染む、そんなスタイルが好きです。

グロッシドライビングキャップ
［コロンビア］

新しい素材、機能性の高いアイテムが多いなかで、昔ながらのデザインのものもいいかなと思ったのがこのドライビングキャップ。本格的な登山でなく、山歩きのときに使います。

キャリンシャツ
［コロンビア］

クラシカルなデザインながら、速乾性の素材を使ったコロンビアのシャツ。カラフルなものもいいですが、自然のなかにとけ込む、落ち着いた色目のものを着たいと思っています。

写真提供／ソニー・マガジンズ『Lingkaran』

雨と晴れとふたりの想いは
二十年の時を越えて

大丈夫！　足元の石は滑りにくいから、落ち着いてこっちに！　と流れの向こうにいる友人に手を差し出されながら言われても、その足元の石は、すでに水に隠れてまったく見えない。どこに足を置いたらいいのかわからなかった。雨は、両脇の山肌に無数の滝をつくりだし、水の通り道になった登山道は沢のようになっていた。そもそもの川には、相当量の水が流れ込み、橋が呑み込まれるのは時間の問題だった。ここで立ち止まってはどうしようもない。意を決して、一歩を踏み出した。

トレッキングのメインイベントのひとつともいえる峠越えのその日は、朝から雨だった。小屋を出発したときには、まだ小雨だったと思う。森の中を歩いていたから、激しくなっていたことに気づかなかったのだろうか。湿気を含んだ空気は土の香りが濃く、天然のマイナスイオンに包まれるようで、気持ちよく歩いていた。足元の水たまりには、時折、無数の水滴によって波紋がいくつも広がり、見ていて飽きなかった。頭の上に広がる巨大なシダの葉が、風に揺れて、水滴を落としているのだった。

森の中、散歩道のようにつづいていた登山道は、次第に斜度を増していった。長いつづら折りの道になると、峠への上りに差し掛かったことがわかる。しばらく登ると、樹木の背は低くなり、同時に頭上を覆っていた森はなくなり、風雨が直にあたりはじめた。これでは、峠の風景は期待できないだろう。ふと、昨日知り合った夫婦のことが思い浮かんだ。彼らは20年前にも同じ道を歩いたのだそうだ。そのときは小学生のお子さん３人と一緒に、やはりこの峠越えの日に雨に降られ、景色がまったく見えなかったので、今回こそは、と再挑戦の意も込めて、夫婦で来ていたのだった。

峠は、雲の中だった。それだけでなく、峠は風の通り道でもあるから、立っていることも憚《はばか》られるほどの状況だった。晴れていたら望めるだろう、まわりの風景を想像することすらできないままに、向こう側へ下りた。すこし風が避けられるところに、休憩用の小屋が建っている。駆け込むと、中には自分たちと同じように、濡れ鼠になった登山者たちが、濡れたものを絞ったり、温かい飲み物で暖をとったりしていた。そのなかに夫婦の姿はまだない。これから登ってくるのだろう。わたし自身のことは、どうでもいい。彼らが景色を望めないことを思うと、なんだかとても残念な気持ちになった。

この先は今晩泊まる山小屋を目指して、登山道をひたすら下るだけであった。山陰に入ると風は遮られて、雨が降るだけになった。けれど、その量は半端ではない。登山道は水浸しだった。そこに現れた川は、氾濫寸前。意を決して踏み出した一歩は、正確に水の中の石に着地して、伸ばした手はしっかりと摑まれて、友人とガイドに登山道に引っぱり上げてもらった。あとで聞いたら、後続の登山者たちはもっと安全に川を渡れる迂回路を通ったというのだから。なんだか損した気分だったけれど、その後も、こんなお天気にしか現れないという迫力ある風景を望みながら山を下った。

夕方、わたしたちが山小屋に辿り着いてから数時間後に、夫婦は下りてきた。雨と風に、草臥《くたび》れきった様子だった。けれど、声を掛けると、曇っていた顔が一気に晴れて、うれしそうに喋り出した。なんと彼らが峠を越えたとき、一瞬ではあったけれど、雲間ができたのだそうだ。見せてくれた写真にはふたりのにこやかな表情と、後ろに広がる山々の風景があった。その一枚の写真が目に焼きついて、その後に残るあの峠の印象は、晴れのものと、雨のものと、ふたつになった。たった一度越えただけの峠なのに、彼らのおかげで、わたしにはふたつの思い出ができたのだった。

最も重要な雨風対策には 機能性重視でウエアを選んで

ウエアに凝っているのに、最低限のもので間に合わせている人が意外にも多いレインウエア。でも、雨だけでなく風対策のためにも必要なレインウエアは、防水性素材など機能性に優れたものを選んでほしい。

ハイベント レインテックス ［ザ・ノース・フェイス］

上下セットのレインウエア。防水性素材で通気性にも優れています。レインウエアは着方も大切で、中に着ている服の袖を少し上げておけば、袖口が濡れず、冷たい思いをしません。

襟にフードを収納でき、用途に合わせて使い分けることができる。

小さな袋に上下を収納することができるので持ち運びにも便利。

マウンテニアリング ジャケット ［ホグロフス］

防水性素材で、換気ができる機能、ベンチレーションとポケットが一体のデザイン。防寒性素材ではないけれど、強風も遮断。袖口にはマジックテープ®がついています（P54-55参照）。

水をよせつけないジップデザインのベンチレーションシステム。

THE NORTH FACE
THE NORTH FACE

移ろいやすい山の天候にも
対応する便利なレイングッズ

ときには雨の中も歩かなければならなくなる山行。レインウエアにプラスα《アルフア》で持っているといいものや、状況に合わせて用意しておくといいものなど、あると便利なレイングッズあれこれ……。

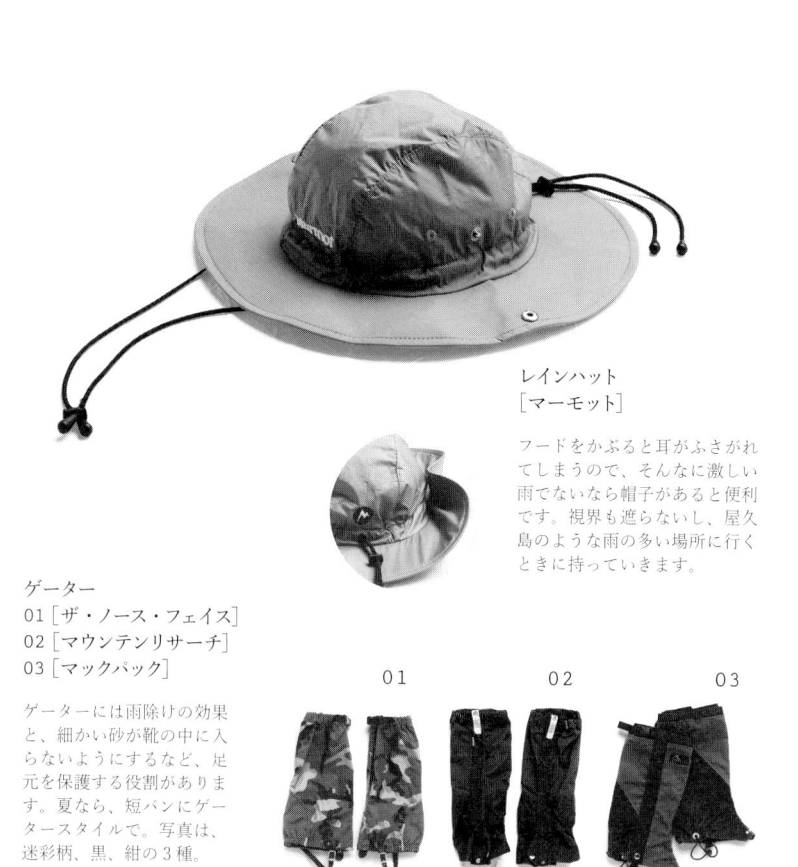

レインハット
［マーモット］

フードをかぶると耳がふさがれてしまうので、そんなに激しい雨でないなら帽子があると便利です。視界も遮らないし、屋久島のような雨の多い場所に行くときに持っていきます。

ゲーター
01［ザ・ノース・フェイス］
02［マウンテンリサーチ］
03［マックパック］

ゲーターには雨除けの効果と、細かい砂が靴の中に入らないようにするなど、足元を保護する役割があります。夏なら、短パンにゲータースタイルで。写真は、迷彩柄、黒、紺の３種。

01　02　03

カメラレインカバー
［モンベル］

完全防水ではないけれど、小雨や霧を防ぐのにちょうどいいので使っています。大降りになると、これだと中がむれてしまうので、そうした場合には、完全防水のカバーが必要です。

防水ノート
［アール・イー・アイ］

水をはじく紙なので、油性ペンでメモすれば、突然の雨で文字がにじんでしまって読めなくなる、なんて心配もありません。

折りたたみ傘
［トーツ］

風の強いところで使うことはないけれど、屋久島など森を歩く時間が長い場合には、視界が広がるので便利です。軽量でコンパクトなので、持ち運ぶのに邪魔になりません。

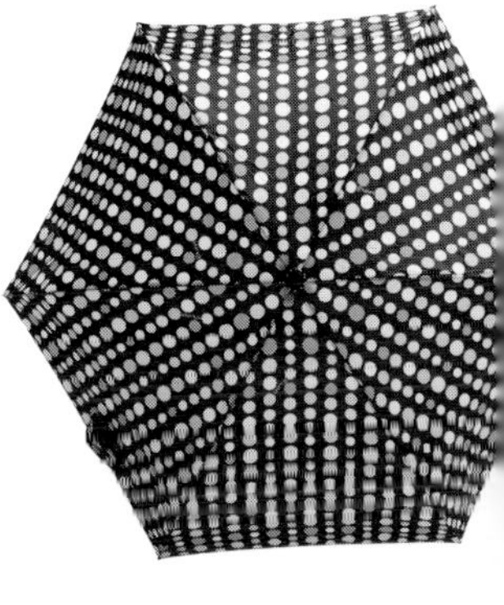

パックタオル
［エムエスアール］

速乾性素材のタオル。大は小を兼ねるので大きいサイズを使っています。山を下りて温泉に入るときにはバスタオル代わりに。吸水性にも優れ、コンパクトになる便利アイテム。

タウンユースのコーデュロイは
レインウエアと合わせて

速乾性がないことから、コーデュロイは山ではNG。ただ、防水性の高いレインウエアと組み合わせるなら、短時間の山歩きには着てもいいかなと思います。ストイックな山行もいいけど、たまにはおしゃれを楽しみたいから。

アルパカニット帽
［タートルファー］

肌触りがよくてデザインがかわいいので買ったものです。耳までかくれるので風が強いときなどにかぶるのにちょうどいい。ニット帽はコーディネイトのアクセントに。

フリース　プルオーバー
［パタゴニア］

パタゴニアのキッズラインでも大きいサイズなら着られます。色合いが明るく、首のところに反射板がついているデザインもかわいいです。

コーデュロイ　パンツ
［マウンテン　カーキ］

アウトドアブランドであるマウンテン　カーキのパンツは、動きやすいデザインで人気。コーデュロイなので、軽いハイキングやキャンプのときにおすすめです。

そっと立ち止まる
雪はすべてを吸収する

雪の山には子どものころからしばしば訪れる機会があった。たいていは両親に連れられてきたスキーだった。わたしたち兄妹3人が30歳を超えた今でも、家族揃ってのスキー旅行は冬の楽しみのひとつで、シーズンを迎えると計画が立てられている。

そうして雪山には慣れ親しんできたけれど、雪山の登山となると一歩を踏み出したのはわりと最近のことだ。初めてのときのことは鮮明に覚えている。冬の北八ヶ岳だった。歩き慣れている友人たちはいつもと変わらずにずんずんと先に行ってしまい、気づくと前にも後ろにも誰も見えなくなっていた。一本道でけっして迷うようなところではない、と言ってもそれは不安だった。聞こえてくるのは、自分の荒い呼吸と登山靴で雪を踏みしめる音。どさっ。突然どこかで雪の塊が落ちたような気配がして、わたしはこの上なく驚いて立ち止まった。

周囲を見回したけれど、なんら変わったことは起きていなかった。けれど、歩みを止めて、あたりがとても静かなことに気づいた。足元には動物の足跡があって、同じ方向に進んでいた。途中でなにかと遭遇するかもしれない。樹木の黒っぽい幹のところどころに雪が積もっている様子は、子どものときに食べたお菓子みたい。こんもりと盛り上がった雪の塊の、その下にはなにがあるのだろうか。

初めて出会う風景ばかりだった。それは見えるものだけでなく、聞こえるものも。真っ白な雪はすべてを吸収しているようだ。音だけでなく、歩いているときに思い浮かぶいろいろな気持ちまでも。雪山を歩くといつも頭がすっきりするのだから。空っぽになった頭に思いついたことは、つぎは家族と雪の山を歩きにきてみよう。足並み揃えて歩いたら、なにが見えるだろう。

やさしくて厳しい雪の中を行くための雪山アイテム

真っ白な雪に包まれた山を歩くのなら何を持っていけばいい？　そんな疑問を持つ初心者のための、雪山に行くのに用意しておきたいものあれこれ。

冬用登山靴
［ゴロー］

「エグリー」という名前の冬用の登山靴。あったかいインナーが入っています。防水のクリームを塗ると一気に光沢が出て、そこから履き込んで、この靴がどうなっていくのかが楽しみ。

スノー手袋
［ヘストラ］

スウェーデン発のスキーグローブブランド、ヘストラ。デザイン性、機能性の高さが魅力です。雪山では速乾性のあるインナーグローブをして、スキーグローブ、寒いときはさらにオーバーミトンを重ねます。

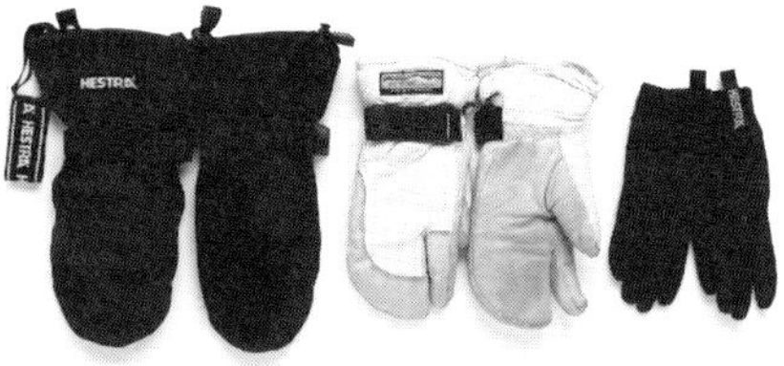

郵便はがき

料金受取人払郵便

小石川支店承認

1418

差出有効期間
平成23年12月
6日まで

1 1 2-8 7 3 1

東京都文京区音羽二丁目
十二番二十一号

講談社　生活文化局

「講談社実用BOOK」

行

愛読者カード

今後の出版企画の参考にいたしたく存じます。ご記入のうえご投函くださいますようお願いいたします(平成23年12月6日までは切手不要です)。

ご住所　〒□□□-□□□□

お名前
(ふりがな)

生年月日(西暦)

電話番号

性別　1 男性　2 女性

メールアドレス

今後、講談社から各種ご案内やアンケートのお願いをお送りしてもよろしいでしょうか。ご承諾いただける方は、下の□の中に○をご記入ください。

□ 講談社からの案内を受け取ることを承諾します

本のタイトルを
お書きください

a　**本書をどこでお知りになりましたか。**

1 新聞広告（朝、読、毎、日経、産経、他）　2 書店で実物を見て
3 雑誌(雑誌名　　　　　　　　　　　　)　4 人にすすめられて
5 DM　6 その他(　　　　　　　　　　　　　　　　)

b　**ほぼ毎号読んでいる雑誌をお教えください。いくつでも。**

c　**ほぼ毎日読んでいる新聞をお教えください。いくつでも。**

1 朝日　2 読売　3 毎日　4 日経　5 産経
6 その他(新聞名　　　　　　　　　　　　　　　　)

d　**値段について。**

1 適当だ　2 高い　3 安い　4 希望定価(　　　　　　　　円くらい)

e　**最近お読みになった本をお教えください。**

f　**この本についてお気づきの点、ご感想などをお教えください。**

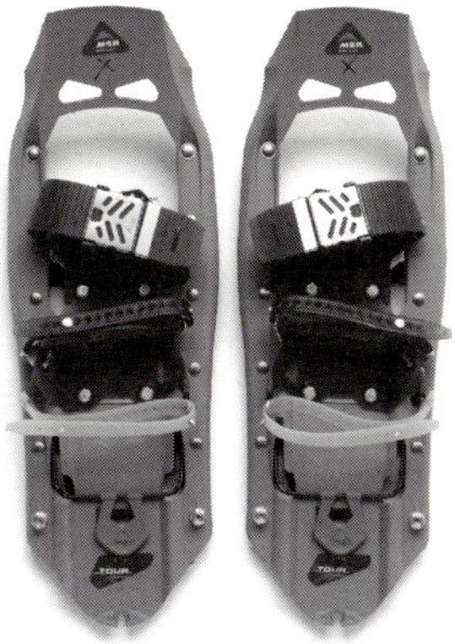

スノーシュー
[エムエスアール]

雪山を登るときより、雪原のようなところを歩くのに向いています。日本語で言うなら「かんじき」。靴につけて、凍った湖の上に積もったまっさらな雪の上を歩いたり走ったりするのって、とっても楽しい。

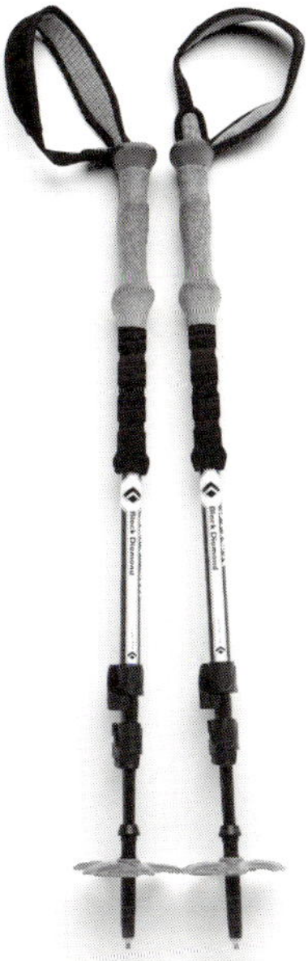

ストック
トレイルコンパクト
[ブラックダイヤモンド]

カーボン素材の軽量ストックで、長さを調節できます。力を分散し足への負担を軽減するもので、登るときは短く、下りるときは長くして、雪の中ではストッパーをつけます。

ゴーグル/サングラス
[ポック/オークリー]

吹雪など万が一の天候の崩れにそなえてゴーグルを持っていきます。サングラスは夏よりもむしろ雪山での必須アイテム。雪の反射光は強いので雪目にならないように気をつけて。

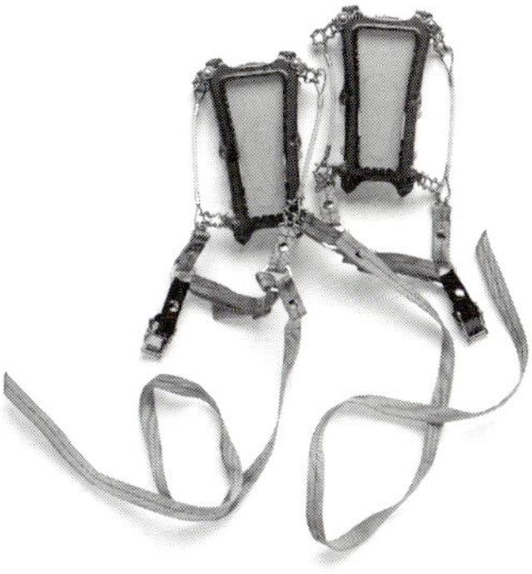

6本爪アイゼン
[マウンテンダックス]

雪が降りはじめるころから必ず持っていくのがアイゼン。雪がない場合でも、雨が降った後に道が凍ることもあるので必要になります。スノーシューよりも歩きやすく、持ち運びも便利。

山スタイル？　タウンユース？
それはあなたの着方しだい

「本気登山には……」と思うタウンユースなものでも、機能性の高いウエアと組み合わせれば短時間の山歩きならだいじょうぶ。「これ便利！」という山のウエアはふだんの旅でも大活躍。あれこれ着て、自分流に着こなして。

フリース
ウィンドストッパー®
［ホワイトマウンテニアリング］

ホワイトマウンテニアリングは、ファッションブランド。これは数年前のモデルで、メンズのXSサイズです。タウンユースですが、デザインが気に入って購入しました。

ミッドフレックスパンツ
［ホグロフス］

お気に入りのパンツのひとつ。生地がしっかりしていて丈夫なうえ、ポケットの数が多く、とても便利なのでオールシーズン着ています。ふだんの旅でも活躍してます（P6参照）。

スキーセーター
［シルビー トリコ］

母のお下がりのスキーセーター。デザインが気に入って着ています。山にはフリースのほうがいいと思いますが、楽な山行のときなど、たまにはセーターを着てみてもいいかな……と。

雪中キャンプのときに
ぴったりな、あったかグッズ

雪に包まれた山での時間を楽しむときに、ストイックな山ウエアではなく、ちょっぴりおしゃれをする、という提案。かわいいグッズで心もあったか。

ウインターブーツ
［ソレル］

アウトドアの定番アイテム、ソレルのウインターブーツ。雪中キャンプのときに使います。とにかくあったかいので、雪の中で過ごすときにおすすめ。デザインもいろいろあります。

スノーハット&ミトン
[66° ノース]

これらはアイスランドで買ったもの。アイスランドの北緯は66度だそうです。雪中キャンプを目的に行くときなどに持っていきます。おしゃれアイテムとして使うもののひとつ。

短時間の雪山散策には
かわいいセーターを着て

おしゃれ感覚で着る雪山でのコーディネイト。セーターは暑くなって脱ぐと荷物になるなどの理由から、長時間や厳しい山行には向かないけど、数時間の山歩きなら、ウインドブレーカーと組み合わせて着ています。

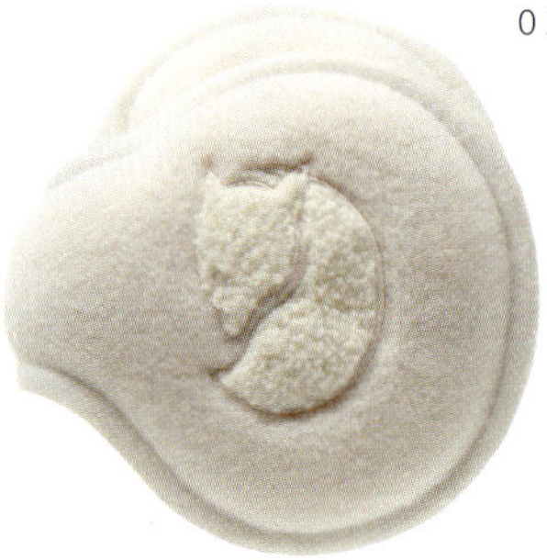

01

01

イヤーウォーマー
［フェールラーベン］

きつねが丸まっているマークがかわいいイヤーウォーマー。実は登山のときには邪魔になるので使っていません。でも、雪山での散策のときにつけたいな、と思って買ったものです。

02

ウールセーター
［アイスウェア］

アイスランドで買ったもので、おしゃれ着と登山ウエアの中間のものとして使っています。保温性が高い分、すぐに暑くなり、持ち歩くのには重いので、軽い登山のとき用。

03

スノーパンツ&タイツ
［ホグロフス］

防水性素材で、暑くなった場合にはファスナーを開けて換気できるベンチレーションタイプのパンツ。タイツはかなりしっかりしているので、寒がりのわたしにはもってこい。

02

03

素材やデザインいろいろ
山にはいつも帽子を持って……

帽子は必ず持っていくもののひとつ。寒いときには防寒のために、夏は日差しを遮るために、そして雨を避けるために、状況に合わせて使い分けています。気分に合わせてコーディネイトできるのも帽子ならでは。

ニットキャップ
［カスク］

北欧のおばあさんたちがひとつひとつ刺繍をしているというカスクのニット帽はかわいいのでいくつか持っています。

スノーキャップ

祖母が使っていたスキー帽。祖母から母へ、そしてわたしへと譲られてきたもの。フェルトのような生地で暖かく、デザインもシンプルな、わたしのお気に入りです。

山に泊まる

山泊まりのすてきな時間。キャンプするとき、山小屋泊まりのときに必要なもの、あるといいもの……。

Camping／キャンプ

テントイルミネーション／テント
シュラフカバー／シュラフ／マットレス／ブランケット
ケトル／ガスボンベ
ナイフ／カトラリー／調理器具
山のごはん
ランタン／アウトドアマッチ

Hütte／山小屋

スキットル／ワッペン／てぬぐい／バッジ
山の本／植物図鑑／山ノート／トランプ
スリッポンサンダル／メッシュバッグ／
ライトシート／耳栓／トラベルシーツ

Camping

テント泊と決めたなら、用意しないといけないものは……。
食事は何にしよう？　あの場所でテント泊するなら
シュラフはこっちのほうがいいかしら？
そんなことを考えながら荷造りする時間が楽しい。

晴れときどき
雨のちに雹《ひょう》、あるいは雪

　鳴り響く雷につづき、バチバチとテントを打ちつける聞き慣れない音に、恐る恐るファスナーを開けて外を覗いてみた。ビーズをあたりに撒き散らしたかのように、地面に小さな粒が弾けていた。雹だ。数分前に降り出した雨が、くすんだ白色の雹に変わっていた。その勢いは、テントの生地に穴を開けてしまうのではないかというほどだった。まだ見たことのないダイナミックな風景に出会いたくて訪れたエチオピア。そこは風景だけでなく、天候の変わり方までもがスケールの大きいものだった。
　エチオピアに季節はない。雨期と乾期があるだけで、滞在していた1月は乾期の終わりごろだった。長いこと雨が降っていなかったので、白茶けた大地はからからに乾いて、風に吹かれた土埃は舞い上がり、空気を薄茶色に染めていた。そこに突然予期せぬ雨が降り出したものだから、一緒に歩いていたガイドのファンタインは恵みの雨とばかりに頰を上気させてよろこんだ。恵み程度がつづいたのならよかったのだけれど、見る見るうちに嵐のようになった。わたしたちはトレッキングからキャンプにちょうど戻ってきたところだった。また後で、と彼と別れて慌てて自分たちのテントに駆け込んだ。
　テントの外と内側は2枚の薄いシートで遮られているだけ。じっと耳を澄ませていると、雹が雨に戻るのがわかった。つづいて雨の中、誰かの足音が近づいてきた。そっとテント越しに声を掛けてきたのはファンタインだった。暴風雨で大方のテントは浸水して、トレッカーたちはキッチンハットに避難しているそうだ。しばらくつづきそうなのでハットに来ないかとの誘いだった。わたしたちのテントに不安はなく、心配ないからと伝えたら、いつでもどうぞと親切な言葉を残して戻っていった。彼を見送ると同時に外の様子を覗いたら、雨の勢いは線を描くように途切れることなくつづいていた。

アフリカでトレッキングができる場所といえば、たいていは国立公園に指定されている地域にある。エチオピアの最高峰を目指してきたシミエン国立公園では決まり事があり、公園内に入るには指定のガイドとレンジャー、必要であれば荷を運ぶためのミュール、そしてすべての食事の面倒を見てくれるクッカーを雇うことになる。一見面倒なような気もするけれど、ガイドは自然のことも語学もよく勉強していて、英語がほとんど通じない国では頼もしい存在だった。ファンタインは20代後半。日本にも興味を持っているようなので、彼の名前をひらがなとカタカナと漢字で書いてあげたら、特に漢字が格好いいと言ってよろこんでいた。お返しにわたしの名前をエチオピアの言語、アムハラ語で書いてくれた。それは今にも走り出しそうな文字だった。

一日の出来事のメモを山ノートに取っていたら、雨音が静かなやわらかいものに変わっていくのがわかった。寒かった。背伸びをしてテントの外に顔を出すと、今度は雪になっていた。太陽が顔を出す昼間には半袖一枚がちょうどいいような場所で、雪が降るとは。身震いして寝袋に潜り込んだ。目をつむって、天から舞い落ちる雪片を思い描く。アフリカの雪。昼間のトレッキングで出会ったヒヒたちは、ブッシュのような毛皮を背中合わせに身を寄せ合っているのだろうか。茶色い大地は、ゆっくりと白に覆われていくのだろうか。

うとうとと浅い眠りから覚めると、テントに薄光が当たっていた。すっかり雪は止んで、夕日が差していた。雪は積もることはなかった。夕食時を前に、いつものキャンプサイトのように周囲は活気づいていた。遠くでは澄んだ太陽が地平線に隠れようとしていた。雹と雪は本当に降ったのだろうか。夢を見ていたのかもしれない。

テントは、居住性と
持ち運びやすさを考えて選ぶ

テントは重量、耐久性や扱いやすさなどを考えて選びます。どういう目的で、どんな場所で使うのかによっても選ぶものが変わってくるので、まずはお店の人に相談してアドバイスを求めることをおすすめします。

テントイルミネーション
[eno]

日本の山ではむやみに照明をつけては迷惑になるのでまだ使ったことはないけれど、ちょっとした遊び心からアラスカで購入したイルミネーション。

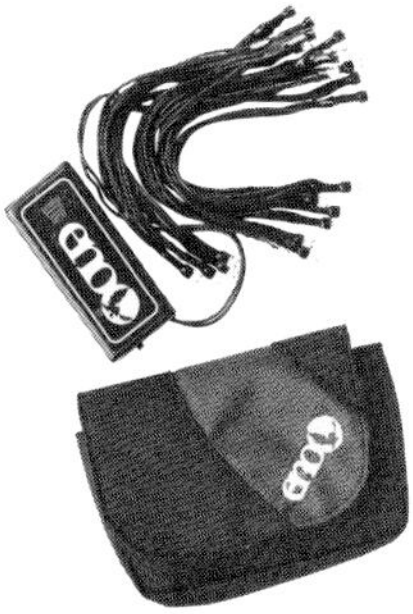

居室に設けられた通気口。雨が吹き込まないデザインになっている。

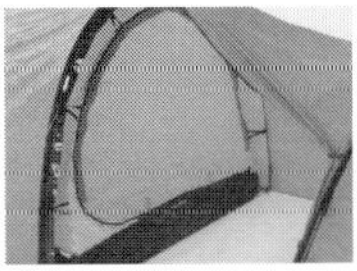

インナーテントとアウターテントの二重構造なのが特徴。

テント
［ヒルバーグ］

２人用のテント「ナロ2GT」には土間のような感覚で使うことができる前室があり、荷物を置いたり、作業をするのにとても便利。ベンチレーションなど機能性の高さが魅力です。

気温や高度など状況を考えて シュラフ選びは慎重に

シュラフはそれだけでも使えますが、ブランケットやマットレスなどと合わせて使うことで、より快適に眠ることができます。冬の山では氷点下になるので、より保温性を高める準備が必要です。

あると便利なシュラフカバーで更なる保温を。これは［ウエスタンマウンテニアリング］のもの。

01

シュラフ ［ウェスタンマウンテニアリング／ザ・ノース・フェイス］

写真上はウェスタンマウンテニアリングのシュラフ(寝袋)。下は3シーズン使っているザ・ノース・フェイスのシュラフ。氷点下何度まで対応するかなど、種類がいろいろあります。

02

マットレス ［サーマレスト］

写真上は特殊なカットで暖かさを逃がさないタイプ。下は世界で一番軽いといわれる3シーズン用のマットレス。どちらもコンパクトになるので持ち運ぶのにも負担になりません。

03

ブランケット ［エムピーアイ］

体から出る熱の80%を反射して保持するブランケット。下に敷くシートとして氷点に近い気温の中でも体温の低下を防ぐスグレものです。テントの中に広げて使います。

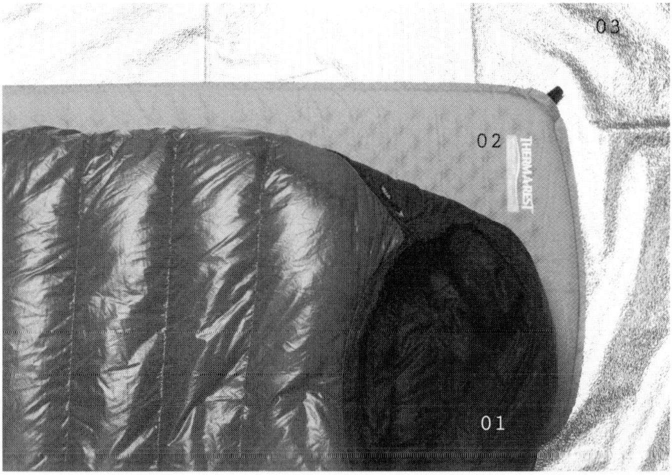
03
02
01

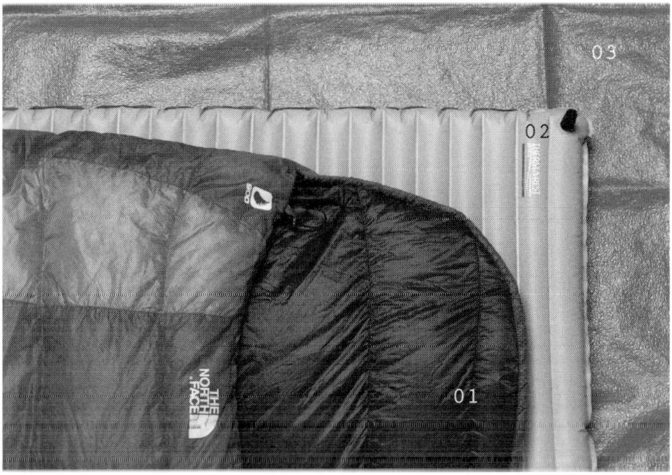
03
02
01
THE NORTH FACE

重ねて収納できる調理器具と
コンパクトなガスバーナー

持ち歩ける荷物の重さに限界がある分、何を優先してどう軽量化するかを考えます。テント泊の場合はなおさら。ガスバーナーや調理器具は必要最低限として、コンパクトで軽量なものを持つようにしています。

ハルライトケトリスト
［ジーエスアイ］

使ってみてわかったのですが、注ぎやすく、口が広いのでラーメンくらいなら調理もでき、保温性も考えられています。器2個とフォーク付。ケトルの中に器とガスカートリッジ（燃料ボトル）を収納できてコンパクトになります。

クッキングストーブ
［エムエスアール］

ガスバーナーはどんな用途で使う機会が多いかで選びます。右ページのエムエスアールの「スーパーフライ」は、強火から弱火まで火力の調節がしやすく、また、コンパクトで安定感もあります。

IWATANI
PRIMUS
NORMAL GAS

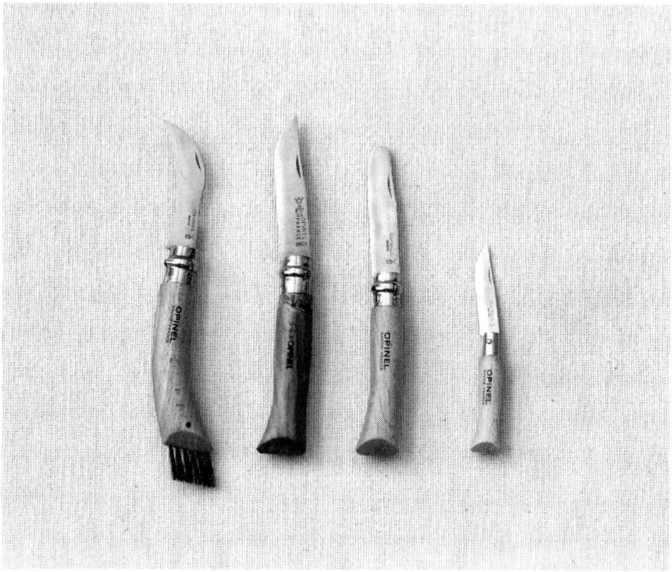

キッチンツールも山では
コンパクトに、軽量に

ナイロン樹脂製で折りたたみが可能なクッキングアイテムをはじめ、携帯用のナイフ、汚れを落とすためのヘラなど、山でいつも使っているキッチンツール。何度か山に行くうちに使うようになったものばかりです。

ナイフ
［オピネル］

フランスのナイフメーカー、オピネルの携帯用ナイフ。写真左からきのこ用、レギュラータイプ、子ども用、そしてキーホルダータイプ。山に持っていくのは中央の2つのどちらか。

01

SF
［キキサ］

鹿児島の木工作家、アキヒロジンさん作のスプーン＆フォーク。桜の木を使ったやさしい手触りが魅力です。P30のカップ同様、市販されています。

02

アルパイン フォールディング
［エムエスアール］

３つセットで売っているもの。特にスプーンがすごく便利で、山での調理はこれひとつで十分。スープにはもちろん、熱に強いので炒めるときにも使えます。

03

コンパクトスクレーパー
［ジーエスアイ］

フライパンなどにこびりついた汚れをとるヘラ。山では洗剤を使って洗えないので、食器などもヘラで汚れを落とすようにしています。ひとつあると便利。

一番星が輝きだすころ
その下でわたしたちは乾杯する

バックパックから飛び出している葱。それは夕ごはんの名傍役になる予定だった。友人たちの荷物はいつもより多く、ソリを引いている人もいた。荷物がのったソリはバランスを保つのが難しくて、さっきから何遍も横転して手こずっていた。それでもみんなの顔はにこやか。夜が楽しみでならないのだ。冬の山、目的は雪の上でのキャンプ。森の中で適当な場所をみつけてテントを張った。寝床とは別に、雪崩の心配のない斜面に雪洞を掘った。壁の窪みにキャンドルを置くと、薄暗くなった森でゆらゆらと灯りが揺れ、ロマンチックな雰囲気が漂いだした。雪に囲まれた、ダイニングルームの完成だ。ごはんの準備を始める。ソリにのせるほど荷物が多かったわけは、鍋とたくさんの具材の存在だった。メニューは鴨鍋。濃いめのだし汁に鴨と豆腐と野菜、刻んだ葱をたっぷり。これこそ雪見鍋。一口頬張っては溜息、これまでに食べたどんな鍋よりも、一番に感じたのは言うまでもない。

お気に入りの「岳食カレーうどん」(三輪そうめん山本)。このシリーズはどれも美味。

[マルタイ] の棒ラーメンは登山家たちの定番。細長いので荷物の隙間に入れられます。

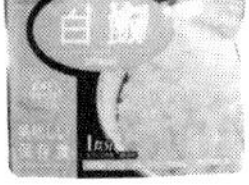

ドライフードのご飯はいろいろありますが、この白飯(サタケ)は水でももどせます。

一晩のキャンプとくらべると、バックパックを背負っての山歩きのごはんはシンプルになる。日持ちする､かさばらない､が鉄則。卵は早めに使う予定で持っていくことも。定番は卵を落としたカレーうどん、あるいは醤油と七味をかけたサーディン丼。男っぽいね、と言われるけど、なかなかの味だ。調理器具も少なくて済むので、後片付けが素早くできるという利点もある。

ごはん当番として仲間の分も作るときは、バランスやバラエティを考える。お米、パスタ、中華麺、パンのローテーションしかり。常温保存のきく豚の角煮パックなどがあるので、ボリューム満点の中華丼を作ることも。やっぱり女の子らしくないかしら。それでも、夕焼け空のもとでいただく食事はこの上ない贅沢。上着を一枚羽織るころには、向こうの空は藍が濃くなり、どこかで一番星が輝きだしている。山での食事は、移ろいゆく風景に囲まれつつ仲間と語らう、とっておきの時間でもあるのだ。

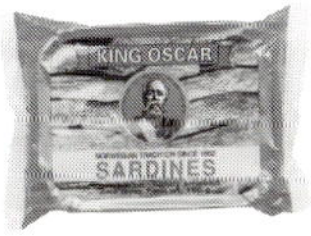

オイルサーディン（キングオスカー）は山のごちそう。缶ごと炙ってご飯にのせます。

エッグホルダー（ロアラン）。山では卵は贅沢品。ラーメンやうどんに入れて……。

静かな闇に灯るあたたかな光
憧れの灯油ランタン

山の夜はとても静か。夜空の下でくつろぐ夜のためにずっと欲しかった［雪丘工房］のランタン。鎌倉の工房で手作りされているもので、「日本で作られたものを使っていきたい」という想いもあって購入しました。

灯油ランタン
［雪丘工房］

ガスを使用するランタンもありますが、これは灯油なのですごく静か。あたたかな光に心が癒されます。ちょうどいい大きさの袋をみつけて入れています（写真下）。

アウトドアマッチ
［好日山荘］

山では風が強いので、アウトドア用のマッチをおすすめします。スチール缶入りなので湿気にも強く、長期保存が可能です。ほかにも耐風・耐水マッチなどもあります。

Hütte

山小屋で過ごす時間。
本棚でみつけたすてきな山の本を読むのもいいし、
みんなでおしゃべりを楽しんだり、
天窓から星空を眺めたり、
ここだけの特別な時間を過ごす。
かわいいてぬぐいやバッジは、思い出の品。

日常は山の麓に置いて
焦らずゆっくり過ごす場所

明け方に喉が渇いて目が覚めた。そうっと布団から抜け出して、友人の脇を抜けて部屋を出る。食堂に水をもらいにいこうと、階段を静かに降りていくが、なんだか足元がおぼつかない。食堂の奥、台所の電灯が薄暗く点《つ》いていた。小屋のご主人と小屋番さんがすでに起きていて、朝の仕事を始めていた。まだ外は真っ暗なのに。小声で、お早うございます、と湯のみ茶碗を差し出してくれた。水が欲しかったことがどうしてわかったのだろう。それもそのはず、ご主人自身も昨晩は喉が渇いて渇いて、と笑いながら言う。

昨日の夜は小屋に集まった仲間たちと宴会が行われたのだった。地酒の会と命名されたその宴は、小屋の常連でもある山のガイドさん主催で、さまざまな地方の地酒を楽しむ会だった。ご主人とガイドさんはもちろんのこと、酒好きが集まったので、それは盛り上がった晩。正直なところ、いつ寝床に入ったのかさえあまり憶えていなかった。翌日の予定はなにもない。安心しきっていたのだろう。酔いもそれは深くなったのだ。

湯のみの水を飲み干して、朝ごはんまでにはしばらく時間があるというので、もう一眠りすることにした。ぐっすりと。声を掛けられてつぎに目を覚ますと、窓の外はすっかり明るくなっていた。そうして起き上がったら、あら頭が痛い。ごはんを見ても、申し訳ないけれど、食欲が湧かない。お味噌汁をなんとか一口すると、ようやくほっとひと心地ついた。完璧に二日酔いだ。わたしだけではない、ほか数名も同じような状況だった。先に小屋を出発しないといけない人たちを見送って、残った者たちはだらだらと過ごしていた。冬の平日とあってほかにお客さんがいないのをいいことに、薪ストーブの前にごろんと横になり、すこしでも気分がよくなるのを待った。

それにしてもいいお天気。帰りたくないね。もう一泊していこうか。そうしよう！　本当に、こんなふうにたんたんと決まったのだ。ご主人も快く、もう一泊していったらいいよと。自らの意思で予定を変えたのは初めてのことだった。そもそも、どこかの山に登るのでなく、小屋で過ごす時間を目指して山に来たこと自体が初めてだ。なんて自由なのだろうと思った。心が軽くなったらとたんに体も元気になったようで、ちょっとお散歩でもしようか、とアイゼンを履いて隣の山小屋まで行くことになった。

北八ヶ岳、黒百合ヒュッテから隣の高見石小屋までは１時間半ほど。その道のりは森林限界を越えることはなく、天気さえ崩れなければ、歩きやすい雪道だ。峠に出ると展望が開け、風が舞う天狗岳が望める。尾根沿いの道は、まだ雪がそんなに積もっていない。春になると雪がたっぷり溜まって、樹木はすっかり埋まってしまう。飛び出したシラビソのてっぺんは十字架みたいで、あたりは墓地のように見える。なんだか怖い？　そんなことはない、遠いヨーロッパのアルプスに抱かれた静かな霊園のよう。その風景を見ると、神聖な気持ちになるのだ。

高見石小屋には正午くらいに着いた。軒先に置かれた売店の看板を見ていたら小腹も減ってきた。ラーメンと揚げパンを食べた。時間はたっぷりあるから、あとで日向ぼっこだってできる。すっかり気分がよくなっていた。山に住んでいたら、きっとこれはできないだろうと、ふと思う。日常を置いてきたからこそ、自由なのだ。焦ることはない、じっくりと。頂に登ることだけが、山ではない。こうして小屋から小屋へ、途中で立ち止まっては物思いにふける。そうして出会うものは、遥かに富んだものだろう。

ココアにそっと垂らした一滴は天窓に星を降らす

　炬燵、好きに使っていいから、と小屋番さん。出してくださったココアを持って上がり、炬燵でいただくことにした。2階は大部屋で、夜には寝室になる。豆炭で暖められた炬燵が2つ。ひとつには先に到着していたご夫婦がくつろいでいた。挨拶を交わして、わたしたちも炬燵に、友人と向かい合わせに足を入れた。ココアにたらりとスキットルからウイスキーを垂らす。一息ついて、ごろんと後ろに倒れた。のびをして目を開けると、そこには天窓があった。

　山のプラネタリウムと呼ばれる、北八ヶ岳の高見石小屋。星に詳しいご主人の存在と、あたりの地形に所以《ゆえん》がある。小屋の周りはなだらかな山に囲まれているので、人工の光が目に届かない、夜には漆黒の闇が訪れるのだ。位置はそのままで、炬燵に足を突っ込む形で布団を敷いた。夜中に目が覚めたら、天窓から星が見えるかもしれない。

愛用のスキットル。写真左は［シグ］のビンテージボトル、右はフランスのシャモニーで買ったもの。

小さな工夫でつくりだす わたしだけの一品

　気に入って購入しても、仕舞い込まれてしまう土産物。ワッペンはその薄さのせいか、なにかに挟まれたまま忘れ去られがちだ。かさばらないものだから、ついつい買ってしまうのかもしれない。

　忘れ去られたワッペンはなにかのきっかけで突然出てくることがある。あるときふと現れたワッペンを、思いついていつも行動食を入れている袋に縫いつけてみた。地味だったものがかわいくなり、愛着が湧いた。山に行ったときにさりげなく友人の前で袋を取り出すと、ちらっと視線が向けられた。彼女はなにも言わなかったけれど、目を引いたようだ。うれしかった。

　それから、せっせとバックパックや小分けの袋にワッペンを縫いつけた。とはいえ、縫いつけられるものは数に限りがあるので、今ではふたたびワッペンはどこかに挟まれたままになっているのだけど。

ワッペンは、国内外を問わず、かわいいのがあれば行く先々で買うお土産です。

山のご愛嬌をお持ち帰り
出会ったときは迷わずに

　山の版画家というと畦地梅太郎《あぜちうめたろう》の名前が一番に挙げられる。北アルプスの燕山荘のエプロンにデザインされた雷鳥を抱く山男の絵柄は愛嬌たっぷり。その表情は、山男というより山おやじと呼んだほうが似合うような気がする。温もりある木版画での表現から、ほっこりとした山の雰囲気がよく伝わる。同じく北アルプスの涸沢ヒュッテのてぬぐいもまた彼の絵柄を使ったもので、街に持ちかえって、山好きに限らず自慢したくなってしまう一品だ。

　山小屋には名が知られていないデザイナーによるものでも、集めたくなってしまうてぬぐいがたくさんある。そこでしか手に入れることができないから、出会ったら買うと決めている。汗を拭うのにはもちろん、枕に敷いたり、山を下りて温泉で。かさばらないし、使い道はたくさんあるのだから。なんだか、買うための言い訳をしているみたいかしら。

畦地梅太郎の版画がデザインされたエプロンは北アルプスにある燕山荘のオリジナル。てぬぐいは主に山小屋で販売されているもので、北アルプスの涸沢ヒュッテのてぬぐいにも畦地梅太郎の絵が使われている(写真中央上)。右下の槍ヶ岳のヒュッテ大槍のデザインは、山岳写真家で昆虫生態研究家でもある田淵行男によるもの。

64回 ウエストン祭
2010 JAC
NIPPON ALPS
M.TSUBAKURA
涸沢ヒュッテ
八ヶ岳連峰
NIPPON ALPS
SHIRANEAOI
AONOTSUGAZAKURA
CHINGURUMA
nippon Alps
HÜTTEŌYARI
Yarigadake
Colias palaeno
日本アルプス

旅の思い出はステッキに
再訪の願いはバッジに

　山小屋の売店で欲しくなってしまうもののひとつに、バッジがある。山域の特徴を摑んだデザインが多く、山の名前や標高、あたりで見られる植物や動物など。小さいなかにぎゅっと世界が凝縮されている。ひとつの山小屋でいくつか扱っているときは、いちどに買ってしまわずに、またここを訪れたときに連れて帰ろうと、再訪の期待を込める。

　アメリカのセコイア国立公園で見つけたプレートはバッジではなく、直径３センチほどで、軽くて薄く、カーブがついていた。何に取りつけるのかわからなかったけれど、トレイルを歩いていると、たくさんのプレートがつけられた杖を突いている人と出会った。ピンで木の杖に取りつけられるようになっているのだ。この杖スタイルなら、しぜんと旅の思い出コレクションが増えていく。旅の上級者のようで羨《うらや》ましかった。

ワッペンやてぬぐい同様、バッジもかわいいのをみつけたらついつい買ってしまいます。写真左上から横に、アメリカ西海岸にあるセコイア国立公園、ネパールのマチャプチャレ、ノルウェーのブリックスダール氷河、北アルプスの蝶ヶ岳、北アルプスの雲ノ平、北アルプスの双六岳、奥多摩の雲取山、アメリカのキングスキャニオン国立公園、アメリカのヨセミテ国立公園。

山小屋の本棚から
旅のきっかけは生まれる

山小屋それぞれに特徴があるなかで、楽しみにしている出会いは、本棚。小説や雑誌、画集や写真集。たいていが山にまつわるもので、主人の好みが反映されているのだろう。『山岳事典』という、ありとあらゆる山の知識が詰まった分厚い事典を知ったときには、興奮して見入ってしまった。写真集などは著者のサインが書かれていることもあり、ちょっと得をした気分になる。じっくりと眺めたくなるような本棚に出会うと、いつかわたしも書くことがあるのならば、ここに違和感なく並ぶ本にしたいと願っている。

夕食までの空いた時間に、お茶をすすりながら、あるいは早々とお酒に手をつけながら、棚から持ってきた本のページをめくる。そうしているうちに本の中で知らない風景に出会い、新たに行きたい場所が増えていく。旅のきっかけはいつもこうして生まれてくるのだ。

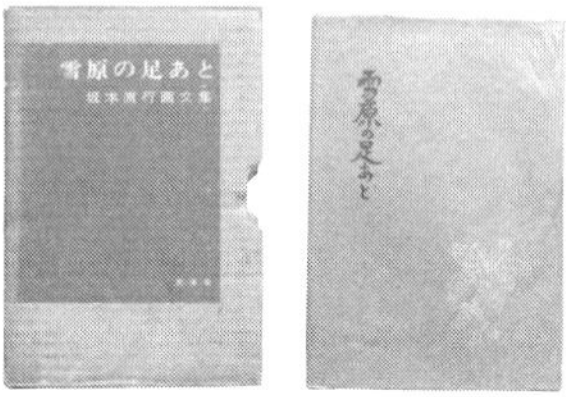

『雪原の足あと』
坂本直行　著

「ちょっこうさん」と呼ばれ親しまれている坂本直行さんの画文集。1965年に刊行されたもの。坂本さんの絵は「六花亭」の包装紙の絵でも広く知られています。／茗溪堂刊

『Entre Terre et Ciel』
ガストン・レビュファ　著

山の詩人と呼ばれるフランス人登山家、ガストン・レビュファの著書。この本と同名の『天と地の間に』をはじめ、彼が監督をつとめた山岳ドキュメンタリー映画もとてもすてきです。

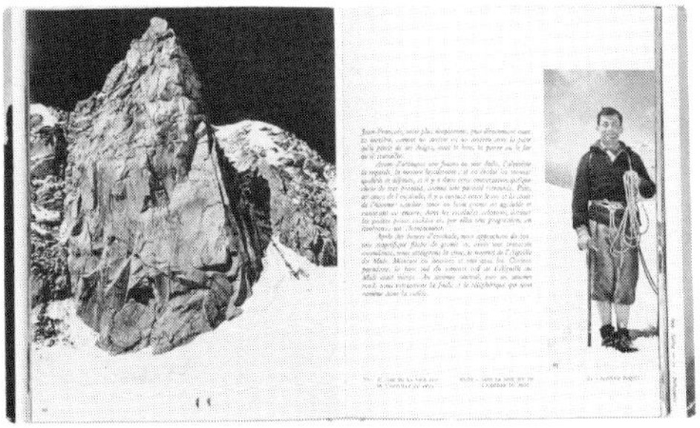

『光の五線譜』
串田孫一　著

詩人でもある串田孫一さんの文章と、美しい写真、その世界に引き込んでくれるブックデザインに魅了されています。写真：ネイチャー・フォト・スタジオ／ネイチャー・ブックス刊

ニリンソウの群生で出会った たった一輪の奇跡

街が梅雨に入るころ、標高の高い山の上はまだ雪で覆われているけれど、麓は若葉が芽吹き、緑眩しい時季となる。6月の上高地は、木漏れ日の光も輝かしく、雨ばかりの日常から抜け出てきた心地よさと相まって、特別に清々しく感じられる。森の足元では可憐な白い花の群生が見られる。ひとつの葉から伸びた茎の先に2輪の蕾をつけるその花はニリンソウという。夜は眠る。日が昇るとともに、うなだれていた頭を上げ花を咲かせるのだ。風に揺れてなびく様子は、森が初夏の訪れをよろこんでいるようだ。

植物図鑑によると、ニリンソウには緑の花を咲かせるものがあり「古代返り」というらしい。群生のなかを探してみた。しばらくしてみつけた、緑から白へ、儚《はかな》げにグラデーションを描く花。群生のなかにあって、なんて健気な存在。初夏の光と同じように、心もきらめいたのだった。

『森のきのこたち ―種類と生態―』柴田尚 著（八坂書房）

『北アルプス花ガイド』中村至伸 撮影・著（ほおずき書籍）

ハワイの国立公園の入り口にある売店で購入した『FLOWERS OF HAWAI'I』

『八丈島の植物ガイドブック』八丈島インタープリテーション協会・植物ガイドブック作成部会 著

ノートからこぼれ落ちた香りの思い出

初めての登山。行き掛けに立ち寄った売店で、思い立ってノートを買った。なんの変哲もない普通のノート。味気ないので、あとで包装紙でカバーを作った。隅にはスタンプで名前を押した。あちこち持ち歩くので、すり切れてはテープで補修しながら使っている。

ノートには、山小屋のスタンプを押したり、スケジュールや天候などを記したりしている。食べたもの、買ったものの値段も書く。感想はほとんど書いていないけれど、あとで見返したときにその情景は鮮明に思い起こされる。

はらりとページの間から落ちてきた黄色い葉。まん丸で小判のようなそれはカツラの葉。紅葉すると甘い香りがする。森でカラメルが焦げたような芳しい香りが漂っていた、ある秋の山行を思い出した。4人で歩いた北アルプスの森。ノートには香りの思い出までが詰まっている。

MT. TSUBAKURO
NIPPON ALPS
TSUBAKURADAKE ENZANSOH
NIPPON ALPS
ENZANSO
2762.9 燕岳
燕山荘
合戦尾根
0:30
1:10
合戦小屋
3:00
2:00

食べられるか食べられないか カードゲームできのこ狩り

ケムリタケとかホコリタケと呼ばれる直径3センチほどの丸いきのこがある。英名がPuffballというように、やわらかな側面を両脇からそっと押すと、ぱふっと白い煙がのぼる。おもちゃのようなかわいらしさに、集合体を見つけると、ついつい片っ端から押したくなってしまう。その煙の正体は胞子。種類によっては食べることができて、火を通すとその胞子はクリーム状になっておいしいとかそうでもないとか。

きのこ狩りは、山での大きな楽しみのひとつ。でも、これにはたいへんな知識と経験が必要になる。いつかきのこ博士を夢見て、トランプで勉強。次こそは山で、と張り切って見つけたきのこの名前を言おうとしても、まったく頭から出てこないのが本当のところ。ロープワークのトランプも勉強になるかと思ったけれど、結局は遊んでいるだけで、ちっとも身にはついていないのだ。

きのこのトランプは友人からいただいたもの。ロープワークはアメリカで買ったものです。

山泊まりのときに
あると快適なグッズあれこれ

泊まるべき場所に辿り着き、重い荷物を降ろして、ホッと一息。ここで過ごす間は、登山靴をサンダルに履き替え、貴重品はサブバッグに入れて……。いつも山で泊まるときに持っていくものをお見せします。

スリッポンサンダル
［キーン］

テント泊で調理するときやトイレに行くときなどにサンダルがあるとすごく便利。かさばるし重いけど、大抵持っていきます。「ヨギ」シリーズが好きで、デザイン違いで3つ持っています。

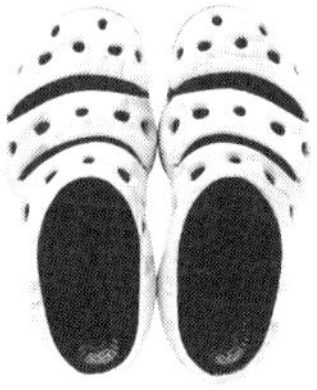

メッシュバッグ
［旭山動物園］

テントや山小屋で使うためのサブバッグ。白熊をモチーフにしたかわいさと、小さく折りたためる便利さがあって愛用しています。サブバッグはあると便利なアイテムのひとつです。

ライトシート
［サーマレスト］

外で使うのに便利なざぶとん。空気を抜いて圧縮するとコンパクトになります。バックパックによっては、背中に入れるとクッション代わりにもなって、一石二鳥。

耳栓
［パティ・バディーズ］
トラベルシーツ
［コクーン］

耳栓があると、山小屋で大部屋を利用するとき、ほかの人の寝息などにわずらわされることなく、ぐっすり休めます。コンパクトになる携帯用シーツも旅のおすすめアイテムです。

展望喫茶室へ
どうぞ
AED

Love Mountain

愛すべき山のこと……

これまで登った山、思い出の風景、
山で過ごしたすてきな時間……。
大好きな山のこと、お教えします。

KIKIの山案内

赤岳、赤岳鉱泉、岩木山、
屋久島、縞枯山荘　しらびそ小屋、
雲取山、シミエン国立公園、
三条の湯、表銀座、黒百合ヒュッテ、
高見石小屋、燕山荘、上高地、
嘉門次小屋、徳澤園、涸沢ヒュッテ、
エベレスト街道、ミルフォードトラック

風景写真一覧

ショップデータ

A&Fカントリー新宿本店／エイチプラス代官山店／バンブールナ／ICI石井スポーツ原宿　山専／ゴロー／パタゴニア東京・目白／ザ・ノース・フェイス　ヘリーハンセン鎌倉店／コロンビアショップb6神宮前店／モンベル　恵比寿店／トーキョー　カルチャート by ビームス／茗溪堂／フェールラーベン原宿神宮前店／カラファテ／登山ショップ　バックカントリー　穂高／……リサーチ　ジェネラルストア

KIKIの山案内

これまで旅した国内外の山、訪れた山小屋でのすてきな時間。
そのひとつひとつに忘れられない思い出があります。

日本の山　山小屋　世界の山

赤岳／八ヶ岳

標高2899m。南八ヶ岳に位置し、この山域では最も標高が高い。わたしの初めての登山は、1泊2日で、美濃戸山荘から登り、赤岳鉱泉に泊まり、翌日硫黄岳と横岳を経由して、赤岳へ登りました。頂上への尾根道は空までつづきそう。素晴らしい景色が望めます。

赤岳鉱泉／八ヶ岳

設備はきれいで、食事も豪華。鉱泉のお風呂に入ることもできます。快適に過ごすことができるので、初めての山小屋泊にもおすすめ。冬には人工氷壁ができ、アイスクライミングのメッカに。
連絡先・TEL 090-4824-9986（直通予約番号）

岩木山／青森県

津軽富士とも呼ばれる独立峰。たおやかな姿に女性的な山と思うときもあれば、望む場所によっては猛々しく男性的な面もある。標高1625m。8合目までは車で、リフトを乗り継いで9合目まで行けます。頂上までは岩場がつづくので足元はしっかりとした装備で。

屋久島／鹿児島県

九州最高峰の宮之浦岳やその樹齢を誇る縄文杉に限らず、山海川、尽きることのない魅力に、季節を変えて何度も足を運びたくなります。山師、高田久夫の仕事について書かれた本『屋久島の山守 千年の仕事』では、屋久島の豊かな森に深く触れることができます。

縞枯《しまがれ》山荘／八ヶ岳

青い三角屋根の佇まいが印象的。北八ヶ岳の玄関口のひとつにあるピラタス蓼科ロープウェイを使うと、山頂駅から小屋までは15分ほどの行程。日帰りもできるけれど、ぜひ泊まりがけでゆっくりと。

連絡先・長野県茅野市北山4035　TEL 0266-67-5100

しらびそ小屋／八ヶ岳

スノーシューを履いての初めての雪山登山は、八ヶ岳の東の玄関口、稲子湯からしらびそ小屋を目指しました。名前のとおりシラビソに囲まれた小屋は､煙突から湯気がしゅんしゅん､温もりある場所です。

連絡先・長野県南佐久郡南牧村海尻400-3　TEL 0267-96-2165

雲取山／奥秩父・奥多摩

標高2017m。東京と埼玉と山梨、1都2県にまたがり、東京都の最高峰でもあります。いくつもあるルートのなかでも、距離は長いのですが、親川から竿裏《さおら》峠につづく天平《でんでいろ》尾根は情緒ある林の広がる尾根道で、おすすめ。山小屋に1泊の行程で、のんびりとどうぞ。

シミエン国立公園／エチオピア

旅した先に山があると、自ずと惹かれてしまいます。世界遺産に登録されているシミエン国立公園には、標高4620mのエチオピア最高峰、ラス・ダシャンがあり、マントヒヒやワリアアイベックスなどの動物を間近に見ることもでき、ワイルドなトレッキングでした。

三条の湯／奥秩父・奥多摩

天然温泉がある山小屋。歩かないと辿り着けない温泉に浸かるしあわせは極上。雲取山への道のりにあり、鹿と遭遇することも。もうひとつのしあわせは、宿泊時にいただくお釜で炊いたご飯。

連絡先・山梨県北都留郡丹波山村2079　TEL 0428-88-0616

KIKIの山案内

表銀座／北アルプス

北アルプス山麓の中房温泉から始まり、燕岳、大天井岳などを経由して槍ヶ岳につながる尾根道を表銀座縦走路といい、その名にふさわしい展望を楽しめる中・上級者向けコース。尾根沿いの道は飲み水に乏しいので、夏場は注意が必要。登山家の憧れのコースです。

黒百合ヒュッテ／八ヶ岳

前に広がる草原には、季節になると黒百合が咲きます。鹿の食害に負けずにがんばって。八ヶ岳、西の玄関口、渋の湯からは２時間半の道のり。小屋のご主人の笑顔に会いに、足を運びたくなります。
連絡先・長野県茅野市宮川11284-1　TEL 0266-72-3613

高見石小屋／八ヶ岳

山のプラネタリウムとうたわれる山小屋のその所以《ゆえん》は、澄んだ夜空が広がるだけでなく、星に詳しいご主人や小屋番さんの存在もあって。寝室になる大部屋には、天窓もついています。
連絡先・神奈川県茅ヶ崎市柳島海岸2-27　TEL 0467-87-0549

燕山荘《えんざんそう》／北アルプス

その展望と佇まいと立地がよく、とても人気のある山小屋。ご主人によるホルンの演奏を聴けるときも。小屋前でときどき居場所を変える、畦地梅太郎による山男の彫像との記念撮影をお忘れなく。
連絡先・長野県安曇野市穂高有明燕岳　TEL 090-1420-0008

上高地／北アルプス

山々に抱かれた梓川の渓谷沿いにある、大正池から横尾までの道のりは、山に登らずとも山を楽しめる、ぜいたくな場所。豊かな森にはさまざまな植物が見られ、見上げると穂高や槍ヶ岳の雄々しい姿。穂高神社奥宮と明神池のあたりには神聖な空気が漂っています。

嘉門次《かもんじ》小屋／北アルプス

囲炉裏端でじっくり焼いた岩魚をつまみに、お酒を一杯。山を下りてくると、つい寄り道したくなります。穂高連峰の玄関口でもある明神池近くに建つ歴史ある山小屋。お風呂もあります。
連絡先・長野県松本市安曇上高地　TEL 0263-95-2418

徳澤園／北アルプス

旅館と山小屋のあいだのような瀟洒《しょうしゃ》なお宿。上高地バスターミナルからは1時間半ほどの道のり。いつか両親と行こうと計画中。ソフトクリームもあります。小屋前の広々としたキャンプ場もおすすめ。
連絡先・長野県松本市安曇上高地　TEL 0263-95-2508

涸沢《からさわ》ヒュッテ／北アルプス

笑顔いっぱいの元気な小屋番さんたちに迎えられます。夏、テラスでいただく生ビールと枝豆は絶品。涸沢は穂高連峰への登山の拠点になり、ヒュッテのほかに涸沢小屋とテント場もあります。
連絡先・長野県松本市安曇4469-1　TEL 090-9002-2534

エベレスト街道／ネパール

エベレストアタックの拠点となるベースキャンプまでの道のり。エベレストを間近に感じたくて、標高3440mにあるナムチェ・バザールの集落まで5日間の行程で歩きました。集落も街道もエキゾチックな雰囲気が漂い、また花に溢れていた風景が印象に残っています。

ミルフォードトラック／ニュージーランド

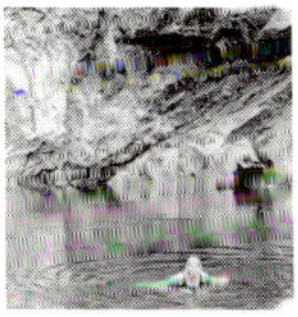

"世界一美しい散歩道"と称されたこともあるほど、世界中のトレッカーたちが憧れるトレッキングルート。捕食する動物がもともといなかったニュージーランドは鳥の楽園。森の中で、さえずりのみならず、さまざまな愛嬌溢れる鳥たちに出会うことができます。

風景写真一覧

P1
北アルプス
涸沢

P2-3
北アルプス
上高地

P4
鹿児島
屋久島

P5
鹿児島
屋久島

P6-7
北八ヶ岳

P8
雲取山

P9
北八ヶ岳
黒百合ヒュッテ前

P10-11
北八ヶ岳
高見石小屋

P14
ネパール
エベレスト街道

P15
ニュージーランド
ミルフォードトラック

P34-35
ニュージーランド
ミルフォードトラック

P43
ニュージーランド
ミルフォードトラック

P45
鹿児島
屋久島

P47
ニュージーランド
タスマン氷河

P51
青森
岩木山

P54-55
ニュージーランド
ミルフォードトラック

P56
ニュージーランド
ミルフォードトラック

P57
ニュージーランド
ミルフォードトラック

P65
雲取山
雲取山荘前

P66-67
北八ヶ岳
しらびそ小屋みどり池

P82-83
エチオピア
シミエン国立公園

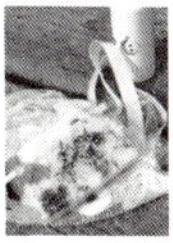

P90
雲取山
三条の湯のお弁当

P91
南アルプス
鳳凰三山

P100-101
長野県
山田牧場

P102
北八ヶ岳
高見石小屋

P103
北八ヶ岳
高見石小屋

P107
北八ヶ岳
高見石小屋

P114
南八ヶ岳
赤岳鉱泉

P126
北アルプス
燕山荘

P127
北アルプス
燕山荘

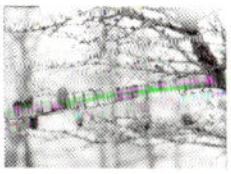

P130-131
雲取山

ショップデータ

この本の中で紹介しているブランドを扱っているショップです。掲載アイテムはすべてKIKIさんの私物であり、現在販売されていない商品も多数あります。［取り扱いブランド］については、各店の取り扱いブランドすべてではなく、今回掲載したブランドのみ紹介しています。

A&Fカントリー新宿本店

東京都新宿区新宿6-27-56 新宿スクエア1F／TEL 03-3209-0750
(営)11:00〜20:00／不定休／URL http://www.aandf.co.jp
［取り扱いブランド］
OR（アウトドアリサーチ）、アイベックス、ヒルバーグ、エムピーアイ、ジーエスアイ、コクーン

エイチプラス代官山店

東京都渋谷区恵比寿西1-30-16 B1／TEL 03-3461-2272
(営)12:00〜20:00／3月〜8月火曜定休、9月〜2月無休
URL http://www.hplusweb.jp
［取り扱いブランド］
ホグロフス、ヘストラ、セイルレーシング、ポック、カスク

バンブールナ

東京都目黒区青葉台1-28-7 103／TEL 03-5722-7508
(営)12:00〜21:00（土・日曜、祝日11:00〜20:00）／第3木曜定休
URL http://www.bambooshoots.co.jp/
［取り扱いブランド］
グラナイトギア、マックパック、OR（アウトドアリサーチ）、アークテリクス、ザ・ノース・フェイス、パタゴニア、コロンビア、モンベル、マウンテンカーキ、ホワイトマウンテニアリング、ウエスタンマウンテニアリング、サーマレスト、エムピーアイ、キーン

ICI石井スポーツ原宿　山専

東京都渋谷区神宮前1-14-29／TEL 03-6439-1511
(営)11:00〜20:00（4月末〜8月末の月〜土曜〜21:00）／無休
URL http://www.ici-sports.com
［取り扱いブランド］
グラナイトギア、ブラックダイヤモンド、スント、OR（アウトドアリサーチ）、ザ・ノース・フェイス、ヘストラ、ハリソン、マーモット、トーツ、ポック、マウンテンダックス、ソレル、サーマレスト、プリムス、オピネル

ゴロー

東京都文京区本駒込6-4-2
TEL 03-3945-0855
営11:00～20:00（日曜、祝日～18:00）
火曜定休
URL　http://www.goro.co.jp/

パタゴニア東京・目白

東京都新宿区下落合3-2-12
TEL 03-5996-0905
営11:00～19:00（土・日曜、祝日10:00～18:00）
年末年始休
URL　http://www.patagonia.com/japan

ザ・ノース・フェイス　ヘリーハンセン鎌倉店

神奈川県鎌倉市小町1-9-4　松風堂ビル1F
TEL 0467-61-3811
営11:00～20:00
不定休
URL　http://www.goldwin.co.jp/tnf/

コロンビアショップb6神宮前店

東京都渋谷区神宮前6-28-6　3F
TEL 03-3498-1341
営11:00～20:00（金・土曜～20:30）／不定休
URL　http://www.columbiasports.co.jp/
問い合わせ／コロンビアスポーツウェアジャパン　0120-193-821

ショップデータ

モンベル　恵比寿店

mont·bell

東京都渋谷区恵比寿1-8-12 EBIS Q PLAZA
TEL 03-5420-7956
㊖11:00〜21:00（土・日曜、祝日10:00〜20:00）／不定休
URL　http://www.montbell.jp
問い合わせ／モンベル・カスタマーサービス TEL 06-6536-5740

トーキョー　カルチャートbyビームス

TOKYO CULTUART by BEAMS

東京都渋谷区神宮前3-24-7　3F
TEL 03-3470-3251
㊖11:00〜20:00／不定休
URL　http://www.beams.co.jp
［取り扱いブランド］
キキサ

茗溪堂《めいけいどう》

URL　http://www.din.or.jp/~meikeido/
※移転計画中のためホームページアドレスのみ掲載しています。

フェールラーベン原宿神宮前店

FJÄLLRÄVEN

東京都渋谷区神宮前6-28-6 b6ビル3F
TEL 03-5778-2260
㊖11:00〜20:00（金・土曜〜20:30、※翌日が祝日の日曜〜20:30）
不定休
URL　http://www.ssksports.com/fjallraven/

カラファテ

東京都新宿区下落合3-2-12／TEL 03-3952-7117
㊫11：00～20：00（土曜10：00～19：00、日曜10：00～18：00）／火曜定休
URL http://www.calafate.co.jp
[取り扱いブランド]
グラナイトギア、マックパック、ホグロフス、ブラックダイヤモンド、ザ・ノース・フェイス、ヘストラ、パタゴニア、マウンテンカーキ、ポック、トーツ、マーモット、モンベル、エムエスアール、エムピーアイ、サーマレスト、ウエスタンマウンテニアリング、カスク、ソレル、マウンテンダックス、ジーエスアイ、プリムス、オピネル、キーン

登山ショップ バックカントリー穂高

長野県安曇野市穂高5951-1（JR穂高駅前ロータリー）
TEL 0263-81-0802
㊫9：30～19：00（土・日曜、祝日6：00～、海の日～８月末4：00～）
火曜定休（海の日～10月10日は無休）
URL http://www.backcountry.co.jp
[取り扱いブランド]
グラナイトギア、ブラックダイヤモンド、スント、OR（アウトドアリサーチ）、アイスブレーカー、パタゴニア、モンベル、エムエスアール、マウンテンダックス、ウエスタンマウンテニアリング、サーマレスト、プリムス、オピネル

……リサーチ ジェネラルストア

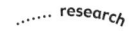

東京都目黒区青葉台1-14-11 コーポ青葉台102
TEL 03-3463-6376
㊫12：00～19：00（土・日曜、祝日は～20：00）／月曜定休
URL http://www.sett.co.jp
[取り扱いブランド]
マウンテンリサーチ

おわりに

　山登りをはじめて５年が経ちました。身の回りに集まってきた道具や洋服を、あらためて並べて眺めていたら、たったの５年間なのに、想像以上にたくさんの思い出が詰まっていることに気づきました。山に持っていくモノは、機能やデザインだけに頼るものではなく、どのようにして手元に来たのか、どこで使ったのか、そのときに誰と話して、なにを感じたか。秋になると樹木の葉が色づき、足元に散り、柔らかい土となって、つぎの春にはふたたび芽吹くように。モノに刻み込まれる思い出もまた、季節が巡るように積み重なり、ひとつのスタイルとして成長していくのです。

　紹介したスタイルは、山にまつわるものではあるけれど、じつはごくふつうのモノから成り立っています。わたしの山での思い出が重なって、それらが、すこしだけ特別なモノとして、皆さまのもとに届いたのならうれしいです。それぞれの人に物語があるように、この本を通じて、これまで見過ごしてきた身近なモノに、より愛着を持って、語り継ぎたくなるようなスタイルが生まれていくならば、さらにうれしいです。

かたちに見えないものを伝えることはむずかしい。けれど、わたしの想いをすっかりと汲み取り、本という見えるかたちにする作業に関わってくださった、すべての方々に深く感謝をしています。はじめから最後まで忍耐強くお付き合いくださった、講談社編集者の角田多佳子さんにはとくにお礼を申し上げたい。また、山で一緒に時間を過ごしてきた大切な仲間や、物怖じすることなく自然のなかで遊ぶことを教えてくれた両親の存在にも。

さあ、山へ行きませんか。山で過ごす時間は色濃く心に残ります。思い出を書き留めて、それぞれの山スタイル手帖が受け継がれていきますように。

2011年７月　　　ＫＩＫＩ

KIKI

東京生まれ。モデル、女優。武蔵野美術大学造形学部建築学科在学中から、モデル活動を開始。雑誌やTVCMなどの広告、映画・ドラマ出演をはじめ、雑誌連載の執筆、ラジオのパーソナリティやアートイベントの審査員など、多方面で活躍中。著書には『LOVE ARCHITECTURE』(TOTO出版)、『KiKi Mountains 1 to 11』。

KIKI TERRITORY
http://kiki.vis.ne.jp/

撮影　大坪尚人（物撮影）　石塚元太良（P15、34-35、43、47、54-55、91）
柏倉陽介（P6-7）　トビタテルミ（P51）　KIKI
ブックデザイン　栗山昌幸（papas factory）

講談社の実用ＢＯＯＫ
山《やま》スタイル手《て》帖《ちよう》
2011年7月28日　第1刷発行

著　者　KIKI《キキ》

発行者　鈴木 哲
発行所　株式会社　講談社
〒112-8001 東京都文京区音羽2-12-21
編集部　03-5395-3527
販売部　03-5395-3625
業務部　03-5395-3615
印刷所　慶昌堂印刷株式会社
製本所　株式会社国宝社

ISBN978-4-06-299747-8